シリーズ情熱の日本経営史④

佐々木 聡 監修

国産自立の自動車産業

豊田喜一郎
トヨタ自動車

石橋正二郎
ブリヂストン

四宮正親 著

芙蓉書房出版

はじめに——モータリゼーションの種を播いた企業家

日本経済を支える自動車産業

日本の自動車生産台数は、昭和三十（一九五五）年の七万台から、三十五年の四八万台、四十年の一八八万台、四十五年の五二九万台、五十年の六九四万台、五十五年の一一〇四万台へと飛躍的に増大を続けました。図1からも明らかなように、日本は、この間に世界の主要な自動車生産国の生産台数をつぎつぎと抜き去り、ヘンリー・フォード*のモデルT型の成功以来、自動車産業の母国といわれるアメリカの生産台数をも、昭和五十五（一九八〇）年の時点で凌駕したのです。また、輸出台数も、昭和三十年の一〇〇台から、四十年の一九万台、五十年の二六八万台、六十年の六七三万台へと増大し、生産台数に占める海外輸出の割合も、昭和六十（一九八五）年の時点で五五％もの比率を占める産業へと成長したのです。

日本経済に占める自動車産業の比重は、この間、一貫して拡大を続け、戦後の高度成長を牽引する産業の代表格となりました。広範な関連産業を持ち、総合産業としての性

ヘンリー・フォード
一八六三年にアメリカのミシガン州に生まれる。十六歳のとき、デトロイトで機械工見習いとなり、二十八歳でエジソン電気会社に入社。三十九歳でフォード社（フォード・モーター・カンパニー）を設立した。量産大衆車T型フォードの成功により、大量生産方式のフォード・システムを確立、自動車王と称された。一九四七年、八十三歳で没した。

図1　主要国の自動車生産台数

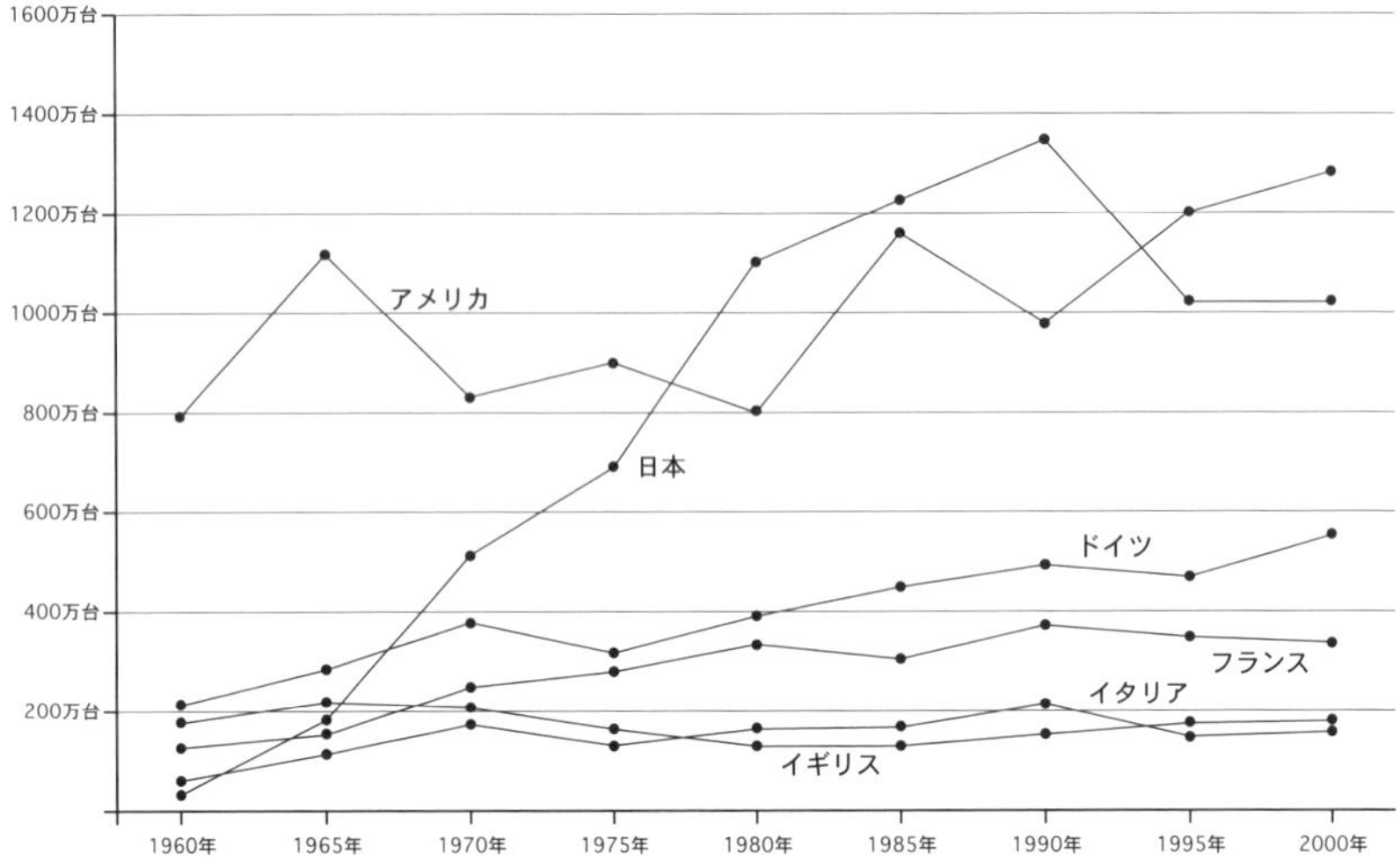

出典：日産自動車株式会社編『自動車産業ハンドブック』紀伊國屋書店、各年版。日刊自動車新聞社・(社) 日本自動車会議所共編『自動車年鑑ハンドブック』日刊自動車新聞社、各年版。

格を強く有する自動車産業は、日本経済に与える影響も決して小さいものではありません。

日本自動車工業会の平成二十一（二〇〇九）年の公表データによれば、自動車関連産業に直接・間接に従事する就業人口は五一五万人を数え、わが国の全就業人口六四一二万人の八・〇%を占めています。その内訳をみると、自動車の製造部門（二輪、部品、付属品、車体などを含む）八九万五〇〇〇人、利用部門（道路貨物運送業、道路旅客運送業、運輸に付帯するサービス業、駐車場業、自動車賃貸業、倉庫業を含む）二七二万八〇〇〇人、関連部門（ガソリンステーション、金融・保険・自動車リサイクルを含む）三一万七〇〇〇人、資材部門（電気機械・器具製造業、非鉄金属製造業、鉄鋼業、金属製品製造業、化学工業、繊維工業、石油精製業、プラスチック・ゴム・ガラス工業、電子部品・デバイス製造業、一般産業機械を含む）一五万九〇〇〇人、販売・整備部門（自動車小売業、二

フォード モデルT（1909年・アメリカ製）。1908年のデビューから1927年までに1500万台以上も生産された空前のベスセラーカーであった。

輪車小売業、中古車小売業、自動車部分品・付属品小売業、二輪車・部分品を含む自動車卸売業、自動車整備業を含む）一〇一万一〇〇〇人という数値になっています。以上のように、関連産業に直接・間接に従事する就業人口をみると、自動車産業が雇用機会の創出に大きな役割を果たしていることが理解できます。

また、自動車はおよそ二万〜三万点の部品から組み立てられており、その材料も多種多様なものです。そこには最終組立メーカーと、外注加工を担当する企業や、タイヤやバッテリーなど完成した構成部品を生産する企業などとの密接な協力関係があります。

さらに、おもに性能・品質やコストの改善のためにおこなわれる設備投資や研究開発にかかる費用は、膨大なものがあります。ちなみに、平成二十（二〇〇八）年度の全製造業の設備投資計画額に占める自動車製造業の割合は二一・六％で、平成十九年度の全製造業の研究開発費に占める自動車製造業の割合は、一九・九％に上っています。つまり、日本の自動車産業の動向は、日本経済に大きな影響力を有しているのです。

平成十九（二〇〇七）年の自動車製造業（二輪車、車体・付随車、部分品・付属品を含む）の製品出荷額は五七兆円で、全製造業の製品出荷額の一七・〇％を占めています。さらに、機械工業全体に占める割合は三五・八％にも上り、日本経済を支える重要な基幹産業としての地位を占めていることがわかります。

産業開拓に情熱を注いだ旗手と盟主

昭和二十五（一九五〇）年、当時の一万田尚登*日銀総裁は「国際分業の時代にあって、日本で自動車工業を育成しようとすることは意味がない。価格・品質ともに優れたアメリカから輸入すればよい」という内容の発言をして、物議を醸しました。しかし、この発言は、当時の日本自動車産業の置かれた立場をよくあらわしています。

戦前、アメリカのフォード社*、ゼネラルモーターズ社*（GM）の子会社である日本フォード株式会社、日本ゼネラルモーターズ株式会社が組み立てる製品に市場を席捲され、両社が撤退した戦時期には、軍用トラックの生産に専念せざるをえなかった日本の自動車会社は、戦後になると、乗用車の製品・生産技術を獲得することに努力しました。戦後の復興期、技術をはじめとした資源の乏しい日本で、自動車産業を確立してい

一万田尚登
明治26（一八九三）年、現在の大分県大分市に生まれる。東京帝国大学卒業後、日本銀行（日銀）入行。昭和21（一九四六）年、日銀総裁に就任。昭和29年、日銀総裁を辞任、第一次鳩山一郎内閣の大蔵大臣に就任する。のちに衆議院議員となり、岸内閣の大蔵大臣としてデフレ政策を実行した。昭和59（一九八四）年、九十歳で没した。

フォード社
フォード・モーター・カンパニー。一九〇三年、ヘンリー・フォードによって設立された。ミシガン州デトロイト近郊のディアボーンに本社を構える世界有数の自動車会社。その製造工程に、べ

ルトコンベアーによる流れ作業を導入するなど、世界で初めて自動車の大量生産を実現した。なお、日本フォードは、大正14（一九二五）年に設立された。

ゼネラルモーターズ社
ゼネラルモーターズ・コーポレーション。略称GM。一九〇八年、ビリー・デュラント（ウイリアム・C・デュラント）によって、アメリカのミシガン州で設立され、デトロイトに本社を構える。一九三一年以来、販売実績で世界一位を守り続け、二〇〇八年にその座をトヨタに明け渡した。二〇〇九年に経営破綻、アメリカ政府主導で業務を再開。なお、日本GMは、昭和2（一九二七）年に設立された。

くことの難しさは、素人の目にも明らかでした。品質・性能・価格の面で、高い国際競争力をもつ外国車の使用を、当時、乗用車のおもなユーザーであったタクシー・ハイヤーなどの運輸業者も、支持していたのです。

翻って、昭和五十五（一九八〇）年には、日本自動車産業の生産台数は一一〇〇万台を記録し、日本は世界第一の自動車生産国になりました。また、生産台数のうち五四％を輸出に依存する自動車輸出大国に成長しました。一万田発言からわずか三〇年の歳月しか過ぎてはいないことを思えば、日本の自動車産業は、まさに奇跡の成長を果たしたのです。

これまで述べてきた自動車産業の短期間での急成長の軌跡は、図2にみるように、ほぼそのまま自動車タイヤ産業の成長にあてはまります。第二次大戦後の生産設備の壊滅的な状態から、朝鮮戦争による特需景気を経て、その生産は回復しました。一九六〇年代に入ると、モータリゼーションの進展にともなう自動車の増加や高速道路網の整備が進み、タイヤの需要は増大していきました。これに合わせて各メーカーは、設備の拡張・自動化および原材料の転換などの技術革新を成し遂げていきました。

一九七〇年代には二度の石油危機を経験して、一時、成長に陰りがみられたこともありましたが、低燃費の小型車を武器に、堅調な生産を続ける自動車産業に牽引されるかたちで、タイヤ産業は成長を続けました。そして、バブル経済の頂点ともいえる平成元

図2　日本の自動車生産とタイヤ生産の推移

	1950年	1960年	1970年	1980年	1990年	1995年
自動車タイヤ生産(ゴム量／トン)	13,884	88,330	376,554	800,156	1,031,035	1,037,196
自動車生産(台)	31,597	481,551	5,289,157	11,042,884	13,486,796	10,195,536

	2000年	2001年	2002年	2003年	2004年	2005年
	1,153,850	1,120,217	1,189,714	1,238,903	1,284,493	1,330,816
	10,140,796	9,777,191	10,257,315	10,286,318	10,511,518	10,799,659

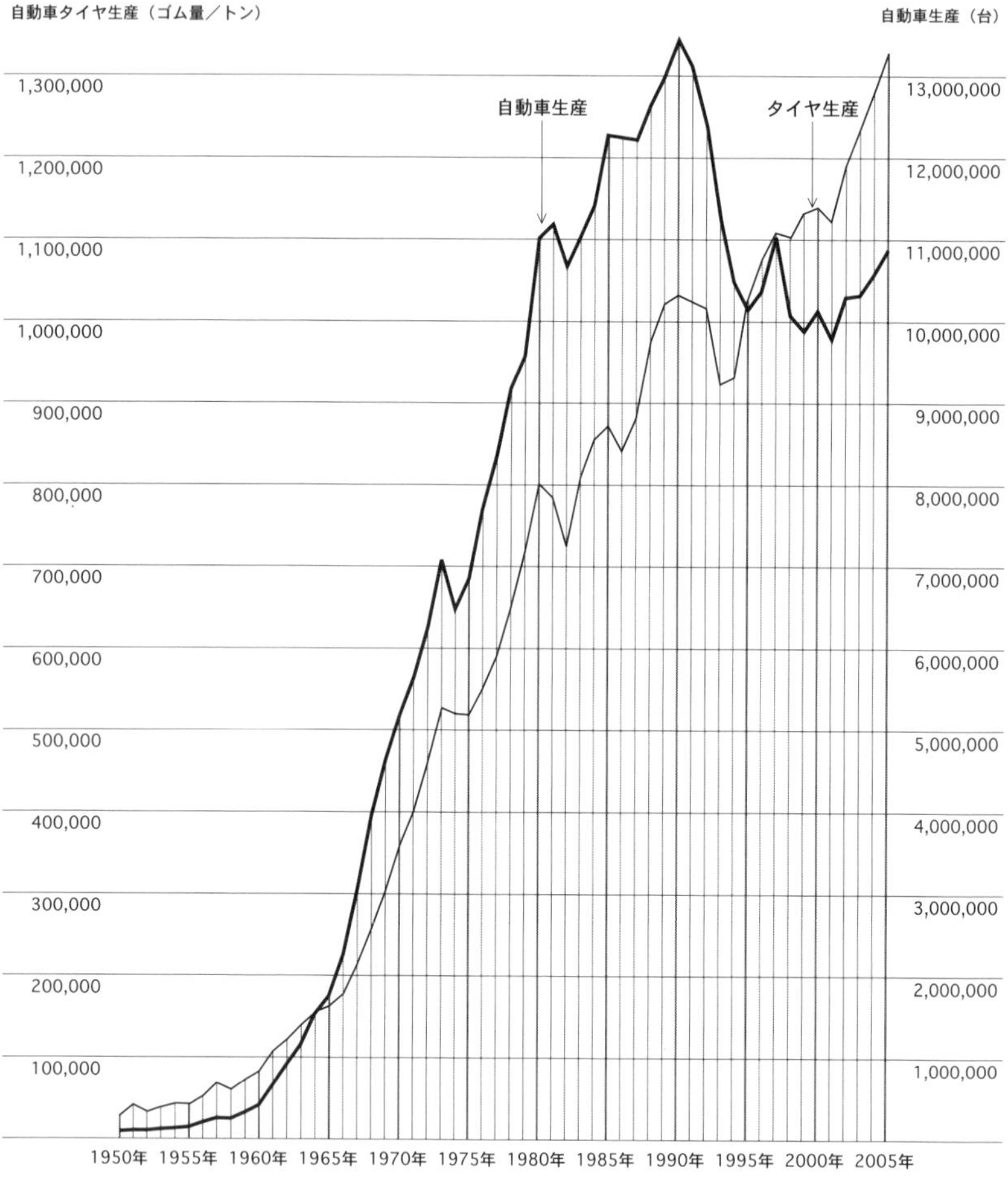

出典：日本自動車タイヤ協会ホームページ

スパイクタイヤ
雪道や凍結した路面でのスリップ防止のため、スパイク（スタッド＝鋲）を打ち込んだタイヤ。スパイクが道路を削るために公害問題となり、事実上、平成２（一九九〇）年から使用が禁止されている。

スタッドレスタイヤ
スパイクタイヤに代わって普及した、スパイク（スタッド＝鋲）のないタイヤ。ゴムの材質、路面との接地面などに改良を施して、雪道や凍結路面でのスリップ防止のために開発された。

（一九八九）年には、その生産ゴム量は一〇〇万トンを記録したのです。しかし、バブル経済が崩壊した一九九〇年代初めには、生産は大きく落ち込みます。それには、スパイクタイヤ*からスタッドレスタイヤ*への転換による特需とその反動、という特殊な事情もありました。

タイヤ産業の生産規模は、一九九〇年代後半以降、国内需要と好調な輸出に支えられて順調な伸びを続けています。平成十七（二〇〇五）年には、生産ゴム量は過去最高の一三三万トン、タイヤ本数一億八〇〇〇万本、金額にして一兆四七四億円を記録、生産ゴム量で国内ゴム産業の八〇％を占める状況となっています。

この巻では、戦後、奇跡の高成長を成し遂げた自動車産業の旗手、トヨタ自動車株式会社の創業者・豊田喜一郎と、自動車産業の躍進と一体となって成長を果たした自動車タイヤ産業の盟主、株式会社ブリヂストンの創業者・石橋正二郎をとりあげます。

豊田喜一郎は、一九二〇年代に、日本における自動車の将来性を開くことに情熱を傾けました。そして、石橋正二郎もまた自動車とともに歩むべき自動車タイヤ産業の国産自立を夢見ていました。二人の産業開拓に賭けた精神は、今日もなおその輝きを失ってはいません。そこで、トヨタ自動車とブリヂストンに連綿と生き続ける二人のビジネスに対する哲学や志について、詳しくみていくことにします。

情熱の日本経営史④

国産自立の自動車産業

目次

第四章　トヨタが継承する企業家精神　114

石橋正二郎

情熱の日本経営史④

国産自立の自動車産業

世界のトヨタを築いた自動車産業の旗手

豊田喜一郎

とよだ きいちろう

明治二十七（一八九四）年、現在の静岡県湖西市に生まれる。実父である豊田佐吉の経営する豊田紡織に入社、G型自動織機の開発などを手掛ける一方、自動車製造に進出、今日のトヨタ自動車を創業した。昭和二十七（一九五二）年、五十七歳の若さで没した。

二宮尊徳
天明7（一七八七）年、現在の神奈川県小田原市の農家に生まれる。没落した生家を再興、諸藩・諸村の復興に人力、のちに幕臣となった。その思想・行動は、報徳社運動に受け継がれた。安政3（一八五六）年、現在の栃木県日光市で没した。

第一章　豊田佐吉と豊田喜一郎

一、研究と事業の両立に苦悩する豊田佐吉

生い立ちと織機の発明

35歳前後の豊田佐吉。糸繰返機の特許を取得した佐吉は、新型織機の開発をめざした。

慶應三（一八六七）年二月十四日、トヨタ自動車の創業者である豊田喜一郎の父・豊田佐吉は、遠江国敷知郡山口村（現在の静岡県湖西市）に生まれました。当時、佐吉が生まれた浜名湖の周辺は、遠州木綿の産地としてよく知られていました。農家の自給用として織られた木綿織りは、江戸時代の末期には副業的な家内工業に移行していました。綿を打ち、糸を紡ぎ、布を織るという一連の過程では、分業が進んで仲買や問屋の制度も整備されつつありましたが、織機の技術に

昭和63（1988）年、豊田佐吉の生誕120年を記念して、生地の静岡県湖西市に開館した豊田佐吉記念館。館内には、佐吉の生家（写真）も保存されている。

ついてはあまり進歩していませんでした。経糸に緯糸を一本ずつ通していくという機織りの動作は、依然として人手に頼っており、生産の効率を上げるという点では限界があったのです。

遠江と三河の境に位置する山口村は、戸数三五戸あまりの小さな農村でした。佐吉の家は、農業のかたわら、父の伊吉は大工を、母のえいは機織りをして生計を立てていました。伊吉は日蓮宗の信徒であり、二宮[*]尊徳の教えにもとづいた報徳思想にも傾倒して、報恩すなわち国家や社会に貢献するという姿勢を持ち続けました。小学校を卒業して、大工の見習いとして父親のもとで働いた佐吉は、農村の貧しさを身をもって感じるようになりました。

佐吉は『西国立志編』[*]を愛読して、ハーグリーブス[*]やアークライト[*]といった紡績機械技術者たちの立志伝に感銘を受けました。これを契機に、佐吉は「発明」について考えるようになったのです。

明治23（1890）年に開発された豊田式木製人力織機（複製）。この発明により織布の品質と生産性が向上した。

明治十八（一八八五）年、専売特許条例が布告され、その趣旨に賛同した佐吉は、国家へ貢献する途を発明に求めるようになりました。明治十九年、大工仲間と上京して数多くの工場を見学した佐吉は、試行錯誤の末、織機の発明に行き着いたのです。母の機織りの苦労を間近に見て育った佐吉には、自然の成り行きでした。

佐吉を大工にしたいと思っていた父親の反対や、村人からのさまざまな陰口にも気を留めず発明に没頭した佐吉は、友人知人の援助もあって、明治二十三（一八九〇）年十一月「豊田式木製人力織機」の発明に成功しました。従来の織機に比べて品質と能率を向上させたこの織機は、佐吉に初めての特許をもたらしたのです。

その後、さらに能率を上げるため、佐吉は、人力織機から動力織機に研究の対象を移しました。この間、明治二十六年三月には佐原たみと結婚し、翌年六月十一日には喜一郎が誕生しました。しかし、発明に没頭して家庭を顧みることのない佐吉を置いて、たみは一人実家に帰ってしまいました。

佐吉は、動力織機の研究資金を捻出するために、糸繰返機の改良をおこない能率を上

『西国立志編』
原題は『セルフ・ヘルプ』で『自助論』とも訳される。イギリス人サミュエル・スマイルズが一八五九年に著した、欧米人の成功談をまとめた作品。日本では中村正直の翻訳で、明治の人々に愛読された。

ハーグリーブス
イギリス人ジェームズ・ハーグリーブスは、一七六〇年代に、同時に複数の糸を紡ぐことができる多軸紡績機、ジェニー紡績機を発明した。

げました。この糸繰返機の売れ行きは良く、動力織機研究のための資金を得ることにつながったのです。そして、明治二十九（一八九六）年、最初の動力織機となる「木鉄混製動力織機」を発明しました。なお、この動力織機の発明が一段落して心に余裕を取りもどした佐吉は、翌三十年、一〇歳年下の林浅子と再婚しました。

明治29（1896）年に開発された豊田式木鉄混製動力織機。この発明により、生産性が従来の20倍に向上、日本の織布業を工業化した。

研究開発の自主独立をめざして

佐吉は、糸繰返機を使用していた愛知県知多の機屋の主人・石川藤八と共同で、乙川村（現在の愛知県半田市）に乙川綿布合資会社を設立しました。佐吉が意図した動力織機の試験と改良にとって、同社は大きな役割を果たしました。織られた木綿は品質がよく、能率も従来の織機の四倍以上となり、生産は大きな伸びを示しました。しかし、しばらくして乙川綿布から手を引くことになった佐吉は、新たに名古屋市内に独自の工場を設けたのです。

新しい工場では、織布、動力織機の製作と販売、改良がおこなわれました。佐吉の動力織機の優秀性を認めた三井物産は、明治三十二（一八九九）年十二月に合名会社井桁商会を設立して、動力織機の製作と販売に乗り出しました。そして、佐吉は技師長に就任、織機製作の指導と研究に尽力したのです。

日本の紡織業が規模を拡大させつつあった当時、高能率と取り扱いの簡単な佐吉の自動織機は好評で、売れ行きも順調でした。しかし、その後の義和団事件*を契機とした清国への輸出の停滞と不況があいまって、紡織各社は一転して深刻な状況に追い込まれます。井桁商会の経営も苦境に立ち、研究資金もままならなくなりました。佐吉は井桁商会を辞職して、他者に頼らず自らの手で資金を捻出し、研究を進めていく途をとることにしました。

明治三十五（一九〇二）年、佐吉は前述の名古屋市内の工場を豊田商会と改めて織布業を始めるとともに、織機の製作もおこないました。そして、明治三十七年に勃発した日露戦争の軍需や戦後の綿布輸出に、佐吉の開発した織機は大いに貢献したのです。

明治四十（一九〇七）年二月、佐吉の織機の将来性

アークライト
イギリス人リチャード・アークライトは、一七六八年、水力を動力に綿糸の大量生産を可能にした水力紡績機を発明、産業革命に大きく寄与した。

明治39（1906）年ごろに撮影された豊田商会の正面玄関。この建物は、現在、産業技術記念館に移築、保存されている。

大正11（1922）年、現在の大阪府泉南郡田尻町に建てられた谷口房蔵の別邸で、現在は田尻歴史館となつている。谷口は「綿の王」と呼ばれ、明治から大正にかけて関西繊維業界の中軸を担った。

を評価した三井物産大阪支店長の藤野亀之助の仲介で、大阪、名古屋の財界人が発起人に名を連ねた豊田[*]式織機株式会社が資本金一〇〇万円で設立されました。社長には大阪合同紡績社長の谷口房蔵が就任、佐吉は常務取締役に就任しました。豊田式織機においては、木鉄混製小幅、鉄製小幅、鉄製広幅などの各種織機の開発生産がおこなわれました。しかし、日露戦争後の不況が訪れると豊田式織機の経営は不振に陥り、佐吉の研究重視の経営姿勢に批判が集まり、明治四十三年四月、同職を辞任することになったのです。

研究の基盤を失い失意のうちにあった佐吉は、五月から外遊に出かけました。その渡航費用などは三井物産大阪支店長の藤野が便宜を図り、豊田式織機における特許権使用料が充てられたともいわれています。アメリカからイギリス、そしてヨーロッパ各地を巡り、自動織機の研究を続ける決意を新たにして、翌年の明治四十四（一九一一）年に帰国した佐吉は、他者に介入されず研究に没頭できるように、独立した織布工場として、一〇月に豊田自働織布工場を設立しました。

二、エンジニアとしての豊田喜一郎の誕生

幼少期の喜一郎と家族の生活

豊田佐吉の長男として、明治二十七（一八九四）年に父親の郷里である現在の静岡県湖西市に生まれた喜一郎は、発明に情熱を傾けた父親の影響を強く受けて育っていきました。喜一郎が生まれた当時、父・佐吉は、事業に没頭して家に居つかないという状況が続いていました。母親のたみは、喜一郎を生んでしばらくすると実家に帰ってしまい、喜一郎は、祖父母の手で育てられることになったのです。

喜一郎は、三歳を迎えたころに佐吉の手元に引き取られ、名古屋市内で生活を始めました。しかし、祖父母の慈愛を忘れなかった喜一郎は、学生時代にも湖西の祖父母のもとを訪ねて休暇を楽しみました。名古屋に引き取られた喜一郎の生活環境は、大きく変わりました。田舎での祖父母との穏やかな生活から、織布工場と住居が一体となった慌ただしい生活へ、そして何よりも、継母である鉾の厳しい浅子との暮らしが始まったの

義和団事件
日清戦争後、義和団が生活に苦しむ農民を集めて起こした排外運動。義和団とは、清朝時代の山東省に発生した秘密結社。義和団は、各地で外国人やキリスト教会を襲い、さらに北京の列国大公使館区域を攻撃、一九〇〇年、日本を含む八カ国連合軍が出動して鎮圧した。講和を定めた北京議定書によって、中国の植民地化がさらに進んだ。

豊田式織機
昭和16（一九四一）年に昭和重工業株式会社と合併して豊和工業株式会社と改称。現在の主要営業品目は、工作機械、空・油圧機器、電子機械、建機・清掃車両、金属製建具、火器など。本社・工場は愛知県清須市。

大正元（1912）年ごろに撮影された、豊田自働織布工場内の豊田佐吉の研究室。佐吉は、早朝からここで図面に向かい、昼間は油まみれになって織機の改良に取り組み、夜になると再びここで研究を続けた。

です。

明治三十二（一八九九）年四月、妹の愛子が誕生しました。実子の愛子をとくに甘やかすこともせず、浅子は佐吉の仕事に協力して、家事はもとより工場の経営にも積極的に携わっていました。このころの佐吉は、工場兼住居で、織布、動力織機の改良と試験、そして、その製造と販売に専念して、明治三十七（一九〇四）年には八〇名ほどの従業員と、名古屋に二つの工場を持つ事業家になっていました。

喜一郎は、名古屋市立協同関冶尋常小学校から市立高岳尋常小学校に転校、卒業後に県立師範学校付属高等小学校に進みました。喜一郎は、小学校時代について語ることがなく、両親の共働きと転校を経験して、寂しい時期を送ったように見受けられます。ただ、喜一郎にとって五歳年下の妹・愛子の存在は、心温まるものでした。共働きの両親に代わって、兄妹仲良くともに夕食をとったり、喜一郎は愛子に毎晩のように絵本を読んで聞かせました。

私立明倫中学校
明治32（一八九九）年に設立された私立明倫中学校は、天明3（一七八三）年に、当時の尾張藩主の徳川宗睦が、藩校として創設した明倫堂を源流とする。大正8（一九一九）年、愛知県立明倫中学校に改称。昭和23（一九四八）年、愛知県立第一高等女学校と統合、愛知県立明和高等学校となる。

外遊当時の豊田佐吉。失意の佐吉は、欧米視察に旅立った。

喜一郎の二高進学と愛子の結婚

喜一郎は、明治四十一（一九〇八）年四月に私立明*

現在は、産業技術記念館のトヨタグループ館となっている豊田紡織の本社。昭和12（1937）年には、ここでトヨタ自動車工業の創立総会が開催された。

倫中学校に入学しました。同校は、旧尾張藩主徳川義礼が設立した、名家の子弟のための進学校でした。ここで喜一郎は、のちの自動車事業に協力する幾人かの人々との出会いを経験しました。

体を動かすことが苦手な一方で、学業には真面目に取り組みました。とくに、数学や物理には強い関心を示しました。また、このころの喜一郎の楽しみは、小学生になった愛子とともに、しばしば郷里の湖西を訪ねて祖父母と生活し、親戚縁者の子供たちと遊ぶことでした。

大正二（一九一三）年に中学校を卒業した喜一郎は、高等教育を受けさせることを希望した母・浅子の考えにしたがい、名古屋の第八高等学校を受験しましたが失敗します。しかし、翌年には仙台の第二高等学校工科に合格しました。そして、家族と遠く離れた土地での生活が始まったのです。名古屋から仙台は、当時、鉄道を利用して上野経由で、まる一日以上も時間がかかり、頻繁に帰省するというような状況ではありませんでした。

喜一郎は、二高に入学すると明善寮に入り、寮生活を送りました。家族的な雰囲気のなかで、寮の歓迎会や遠足を経験して、しだいに仙台の地に親しんでいきました。ただし、寮生のバンカラな雰囲気に馴染めなかった喜一郎は、五カ月ほどして退寮、下宿に移りました。このころ、妹の愛子は頻繁に兄のもとへ手紙を書き、身のまわりの出来事を知らせています。一人で寂しい下宿生活を過ごす喜一郎にとって、妹との文通は楽しいものでした。そして、それは愛子の結婚後も続けられたのです。

大正四（一九一五）年十月、愛子の婿養子として児玉利三郎が入籍しました。佐吉の取引先の三井物産で、大阪支店綿花部長であった児玉一造の弟との縁組でした。豊田佐吉は、神戸高等商業学校から東京高等商業学校専攻部を経て伊藤忠に勤務する、繊維製品の取引に経験を積んだ利三郎を、自らの後継者として期待しました。また、利三郎も、才色兼ね備えていた愛子との縁組を望みました。こうして、愛知県立第一高等女学校の四年生であった愛子は、十月に結婚しました。利三郎は、喜一郎の一〇歳年長の妹婿になったのです。

喜一郎は、寮生活を通じて親しい友人に恵まれました。とくに、東京生まれで喜一郎と同じ歳の抜山大三と二つ歳下の四郎兄弟[*]は、それぞれ理学と工学を志望する研究者肌で、喜一郎には話しやすい友人でした。

抜山大三と……四郎兄弟
大三は、気象学を専攻して東大理学部を卒業。気象台技師を経て、東大教授に就任、高層気象研究の先駆者となった。四郎は、東大工学部を卒業したのち、東北大学工学部講師、助教授を歴任、海外留学を経て、熱力学担当の教授に就任した。彼の研究は、熱力学の基礎研究分野で国際的に高い評価を得た。

愛子との文通に心のよりどころを見つけ、友人たちにも恵まれた喜一郎は、勉学に励みました。二高時代に、喜一郎がもっとも興味を持ったのは、製図の授業でした。また、喜一郎が好んだのは、実験、分析によって明確な解が導き出される理工系の学科目でした。さらに、帝国大学への進学が約束された将来のエリートとして、旧制高校生には人格形成のために教養が重視され、学生も努めて修養の姿勢を持っていました。喜一郎もその例外ではなく、学問と人格形成にとって貴重な三年間を送ったのです。

東大工学部における座学と実習

大正六（一九一七）年九月、喜一郎は抜山四郎ら二高時代からの友人とともに、東京帝国大学工学部機械工学科に入学しました。喜一郎は、大学の近くに下宿して質素な生活を送りました。工学部時代、彼が勉学に励んだ様子は、豊田家に残されたノート類にうかがうことができます。機械の運動伝達に関する機構学、原動力に関する熱力学、ほかに工作機械、金属材料、冶金学、電気工学などのノートは、喜一郎の几帳面な字で丁寧にまとめられています。

また、座学にとどまらず、喜一郎は三年生のときに関西の神戸製鋼所に実習に出かけています。大正八（一九一九）年九月に始まった実習は、鉄道院浜松工場*を経て、十月

鉄道院浜松工場
大正元（一九一二）年に操業を開始した鉄道院浜松工場には、全国から優れた技術者が集められ、当時、繊維業に依存していた浜松経済に、新産業の基盤を築いた。現在の東海旅客鉄道（ＪＲ東海）浜松工場の前身。

と十一月の二カ月間、神戸製鋼所でおこなわれました。喜一郎が残した「神戸製鋼所に於ける実習日記」によれば、鋳物の製造と機械の精度測定を実習のテーマとしていました。ただ、実際には機械の精度測定について、施設や用具の不備を理由に工作機械の実習を経験しました。そして、旋盤の構造や性能を学んだのです。

神戸製鋼所における実習期間中、喜一郎は他の製鋼所、造船所、紡績工場も精力的に見学、なかでも軍用トラック製造の草分けであった大阪砲兵工廠*では、自動車工場も見学しました。

座学と実習を通じた実務経験は、喜一郎を大きく成長させました。とりわけ、神戸製鋼所において見聞したストライキによって、企業経営の困難さも現実のものとして理解したのです。翌大正九年七月、喜一郎は大学を卒業、工学士となりました。卒業論文のタイトルは「上海紡績工場原動所設計図」でした。工学部を卒業した喜一郎は、法学部に入学して、翌年三月まで憲法、民法、社会学、会計学、商法などの講義を受講しています。それは、神戸製鋼所での実習経験から、企業経営者としては、技術のみならず社会や人間に対する深い理解を必要とすることを認識したからでした。そして、大正十一（一九二二）年三月、二六歳となった喜一郎は名古屋に帰り、豊田紡織株式会社に勤務することになりました。

第一次大戦によって、東洋市場を支配していたイギリスの綿糸布輸出は途絶し、日本

大阪砲兵工廠
大村益次郎の構想により、明治3（一八七〇）年、大阪城内に創設された官営の兵器工場。のちに城東方面へ拡張され、第二次世界大戦末期には東洋一の規模を誇った。

24歳ごろの豊田喜一郎。大学生の喜一郎は、どちらかといえば社交的ではなく、幼少時代と変わらず大人しい青年であった。ただし、自らの考えを述べるときには、じつに雄弁であったという。

の紡績・織布業は輸出を拡大させました。輸出主導の織布業の発展によって、代表的な綿織物の産地である大阪の泉南、愛知の知多、静岡の遠州などをはじめとして、手織機にかわって動力織機が普及していきました。それは、先に述べた豊田式織機をはじめとする国内の織機製造業者の繁栄をもたらすことになったのです。

豊田佐吉の豊田自働織布工場は、研究重視の経営を徹底していました。自動織機の研究には安定した品質の糸の製造から始めなければならないとして紡績業にも進出し、大正三（一九一四）年には豊田自働紡織工場に改称しました。さらに、大戦ブームに乗じて業容を拡大し、大正六年の時点で紡機三万四〇〇〇錘、織機一〇〇〇台、従業員一〇〇〇人を抱える規模にまで成長しました。そして、翌年には株式会社に改組して、資本金五〇〇万円の豊田紡織株式会社を設立したのです。

豊田紡織の社長には佐吉が、常務には佐吉の長女・愛子の娘婿となった利三郎が就任しました。株主は、豊田佐吉と浅子夫婦、佐吉の弟である平吉と佐助*、父の伊吉、利三郎と愛子夫婦、そして喜一郎といった家族と、三井物産大阪支店長の藤野亀之助や児玉一造など親しい人たちに限定して、自主独立の経営を貫くことにしました。

父親の遺伝子を開花させた欧米視察

平吉と佐助
平吉と佐助は、それぞれ豊田織布の押切、菊井の工場を経営していた。平吉は、のちにトヨタ自動車工業の監査役を務め、佐助は、豊田紡織の社長を務めた。

プラット・ブラザーズ社
イングランド北西部のマンチェスター近郊にあった世界有数の繊維機械メーカー。幕末から明治にかけての日本にも、その名を残している。マンチェスターでは十七世紀に綿織物工業がおこり、産業革命によって、世界中に製品が輸出された。

豊田喜一郎が初めての欧米視察に出発したときの出航風景。大正10（1921）年、横浜から東洋汽船の春洋丸に乗船してサンフランシスコまで、およそ2週間の船旅であった。

父の豊田佐吉が社長を務める豊田紡織株式会社に入社した喜一郎は、同年、欧米へ紡織業の視察に出かけました。大正十（一九二一）年七月二十九日、喜一郎と利三郎・愛子夫妻は、横浜から船で、まずアメリカに向かいました。アメリカでは、三井物産の人たちの世話で、ショッピングや観光などで楽しい日々を過ごした様子を、喜一郎の残した手帳からうかがい知ることができます。その後、イギリスに渡った喜一郎は、マンチェスター近郊のオールダムの地に下宿して、一人、プラット・ブラザーズ社*での工場見学を経験しました。

大正十一年一月十七日に始まった工場見学は、少なくとも一〇日前後は続いたようです。喜一郎はノートを買い求めて工場の観察記録を詳細にまとめています。喜一郎は、会社側からの説明を鵜呑みにせず、自らの目で工場現場の実態を鋭く観察し、労働者の仕事ぶりに対しては「遊び半分」という内容の厳しい記述

豊田喜一郎は、大正10（1921）年7月に横浜から出発して、およそ2週間後にサンフランシスコに上陸。アメリカを視察したのちイギリスに渡り、大正11年4月に帰国した。

も残しています。しかし、当時、世界有数の繊維機械メーカーであったプラット社製品の高い品質を支えているのが、丹念なヤスリがけによる部品相互の摺り合わせであることにも、喜一郎は気づかされました。互換性部品にもとづいた大量生産の製品を提供するのではなく、繊維機械の注文主の立地や敷地に合わせて、その場に出向いてプラントとして提供するという方法がとられていることを理解したのです。

冷え込む一月のオールダムの下宿で、喜一郎は自動織機の研究に励みました。工場見学や自動織機の研究に毎日を忙しく過ごした喜一郎の息抜きは、映画鑑賞や散策でした。それまでの大学での学習や実習に加えて、世界でも有数の繊維機械メーカー・プラット社での見学と、下宿で続けた自動織機の研究は、喜一郎を織機の技術者として成長させることになりました。

大正十一（一九二二）年四月、喜一郎は帰国しました。そして、豊田家とつながりの深かった児玉一造の

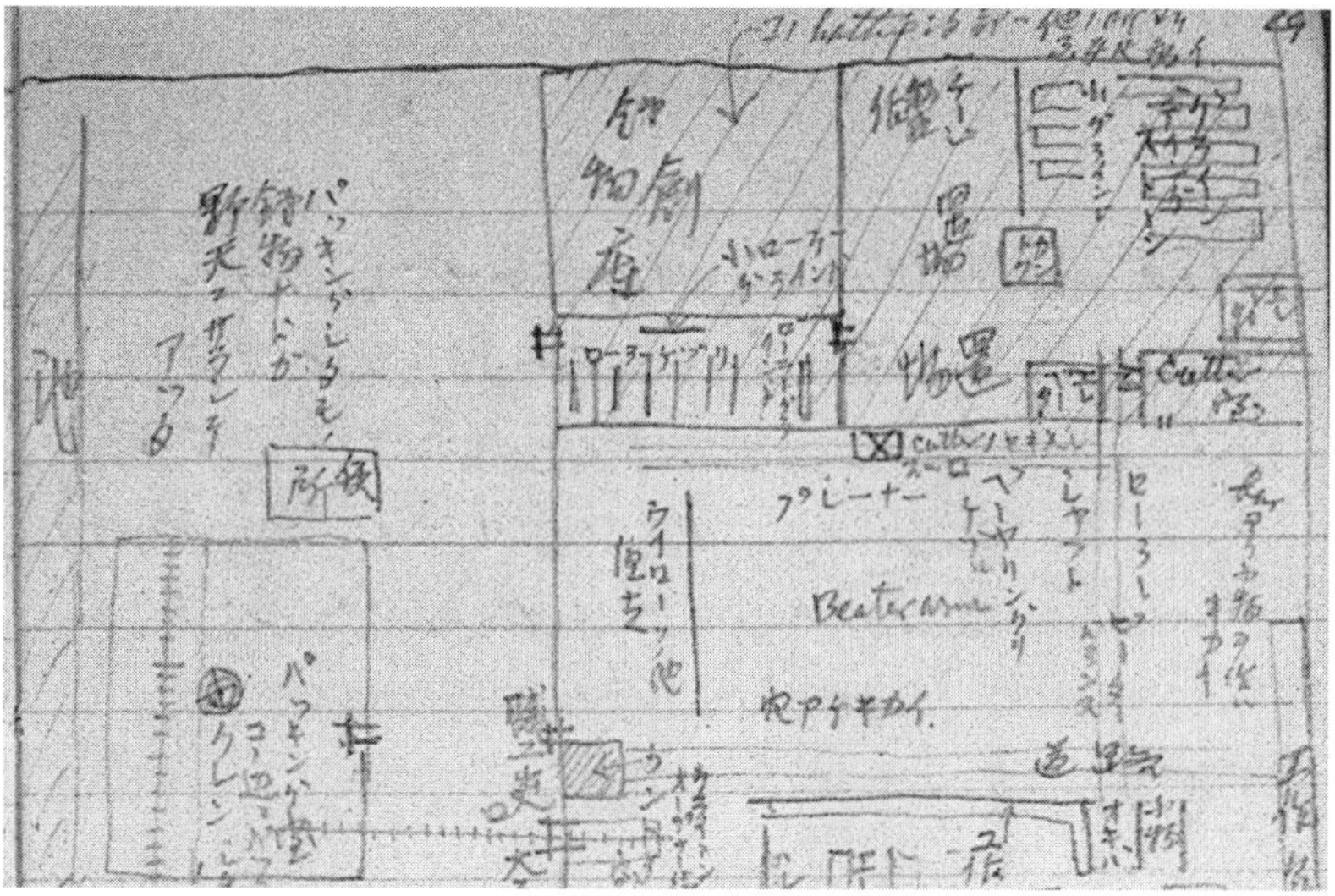

豊田喜一郎の実習日誌に記されたプラット・ブラザーズ社の工場概観図。日誌には、当時のプラット社の工場について細かく記述されており、記録として資料価値も高いといわれる。

仲介で二十子と結婚しました。二十子は、京都の飯田家四代目飯田新七の三女でした。初代の飯田新七が、文政二（一八二九）年に開いた古着・木綿小売商は、その後、呉服商の「高島屋」となり、二十子の父・四代新七は、呉服業の拡大に努力（大正八年に独立して株式会社高島屋呉服店、現在の高島屋百貨店）して、直接貿易にも乗り出す（大正五年に独立して高島屋飯田株式会社）うえで大きな役割を果たした人物です。

　豊田紡織での仕事を本格的に始めた喜一郎に対して、豊田佐吉は、喜一郎が紡績企業の経営者になることを期待していました。それは、父親の佐吉自身が、発明家の苦労を知り抜いていたからです。豊田紡織は、紡績業と織布業を通じて、自動織機の研究資金を獲得する役割を担っていました。つまり、研究資金を得るための企業経営に、喜一郎の貢献を期待していたのです。

　当初の喜一郎は、期待に応えるかたちで紡績事業におけるさまざまな知識の修得に努力しました。しかし、元来、父親譲りで研究熱心であった喜一郎は、イギリスでおこなった自動織機の研究開発にのめり込んでいくことになります。そして、佐吉の目を盗んで始めた研究も、最後には認められることになりました。それは、喜一郎の才能と努力を、佐吉が認めたことを意味します。技術者としての資質に恵まれ、発明に情熱を燃やした喜一郎は、晴れて父親と同じ自動織機の開発の道を進み始めたのでした。

開発者として認められた喜一郎の最初の仕事は、かつて、父が開発した「自働杼換装置」の技術的な問題点を解決して実用化することでした。具体的には、緯糸がなくなったことを察知して、自動的に杼換えをおこなう自動織機の実用化をめざしたのです。そして、大正十三（一九二四）年「杼換式自動織機」*の特許出願を達成し、翌年には認められて登録されました。

杼換式自動織機 G型自動織機。豊田佐吉によって明治42（一九〇九）年に開発された自働杼換装置の精度を高めた構造を組み込んだ自動織機。特許権者は、喜一郎となっている。

第二章　自動車産業と豊田喜一郎

一、豊田喜一郎が築いた世界企業トヨタの礎

自動織機の特許権譲渡とアメリカ訪問

　大正十五（一九二六）年十一月には、豊田自動織機製作所が創設され、自動織機の製造と販売が開始されました。社長には妹婿の利三郎が、喜一郎は常務に就任しました。当時、第一次大戦後の不況*のもとで綿業は不振を極め、昭和四（一九二九）年以降の深夜就業の廃止を内容とする工場法の改正が大正十五年に施行されるという状況もあり、織布部門で生産性を向上させるために、自動織機を導入する動きが高まったのです。

　豊田自動織機製作所は、新たに喜一郎らの研究によって開発されたG型自動織機（杼換式自動織機）の製造に専念しました。佐吉や利三郎が豊田紡織の経営を担っている名古屋から一時間ほど離れた刈谷の地で、豊田自動織機製作所を円滑に経営していくには、喜一郎ひとりでは不安がありました。そこで、喜一郎とともに常務に就任した原口

第一次大戦後の不況
第一次大戦による好景気は、大正９（一九二〇）年３月に発生した恐慌によって終わりを告げ、その後は、あいつぐ恐慌と大正12年に発生した関東大震災の打撃を受けて、日本の景気はどん底の状態になった。

大正14（1925）年に建てられた豊田紡織の本社事務所は、当時の状態に修復され、現在は、産業技術記念館に展示、活用されている。

晃が、喜一郎をサポートすることになりました。原口は、愛知県商工課を経て日本車輌製造株式会社*に勤務した経験を有し、大企業での経営の実務に精通した人物でした。

喜一郎は、G型自動織機の量産を軌道に乗せるための努力を続けていましたが、遠州織機*と豊田式織機の二社の存在は、競争相手と映っていました。遠州織機は、杼換式と管換式という二つの異なる方式の自動織機を持って購買層に広い選択肢を提供しており、豊田式織機は、紡績から織布までの機械を取り揃えつつありました。そこで喜一郎は、精紡機の開発に取り組むことを決断します。喜一郎が開発に取り組んだハイド*ラフト精紡機は、加工組立により精密さが求められ、結果として豊田自動織機は、製造技術を向上させることができたのです。

このころ、かつて喜一郎がイギリスで工場見学をおこなった、世界的な繊維機械メーカーであるプラット・ブラザーズ社から、G型自動織機の特許権譲渡の話が持ち込まれ、昭和四（一九二九）年十二月に、同社との間で特許権譲渡契約が結ばれることにな

日本車輛製造
明治29（一八九六）年、名古屋で設立された車両会社。鉄道車両の製造を主軸とする一方、昭和7（一九三二）年には本格的乗用車アツタ号を完成させている。

りました。その内容は、プラット・ブラザーズ社に対して、日本、中国、アメリカを除く国々においてG型自動織機を独占的に製造・販売する権利を与え、その対価として一〇万ポンドの特許譲渡料を受け取るというものです。かつて教えを受けたプラット社への特許権譲渡は、喜一郎にとって晴れがましい出来事でした。しかし、同時に紡績機械事業への不安をかき立てる出来事でもあったのです。第一次大戦後に起こった世界規模の不況は、紡績業を苦境に陥れ、プラット社の紡績機械事業もその影響を受けており、その様相は豊田自動織機の将来を暗示するもののようにも思われました。

豊田利三郎。明治17（1884）年、滋賀県に生まれる。実兄の児玉一造は、東洋棉花を設立した。

なお、プラット・ブラザーズ社との特許権譲渡交渉のために、九月から米英を訪問した喜一郎の足跡には、不可解なものがあります。アメリカをまず訪問した目的は、紡織業界の視察とG型自動織機のライセンス供与先を探すことでした。しかし、喜一郎は、滞在の時間を惜しむかのように、観光もほどほどにデトロイトのフォード自動車会社や東海岸の有力な工作機械メーカーを見学して、工作機械の研究に時間を費やしたのです。また、プラット社との契約締結後に、喜一郎が二カ月ほどヨーロッパに滞在した理由として、工

創業当時の豊田自動織機製作所の組立工場。流れ作業により、G型自動織機の量産と品質の安定化をめざした。昭和2（1927）年に刈谷工場で生産を開始した。

作機械メーカーの見学にまわっていた可能性も指摘されています。

スミス・モーター試作とカリスマの死

豊田・プラット協定が結ばれた翌年の昭和五（一九三〇）年一月と十月、利三郎の兄の一造と佐吉があいついで死去しました。豊田系事業の始祖である佐吉の死は、当時の紡績業の不況と重ね合わせたとき、一つの時代の終わりを感じさせるものとなりました。豊田系事業の責任者であった利三郎は、豊田自動織機の製品に紡績機械を加えて、リスクの分散を図ろうとしていました。しかし、四月に帰国した喜一郎が思い描いていたのは、繊維機械という範疇を超えたものだったのです。

ただし、帰国した喜一郎は、まず豊田自動織機製作所の苦境を打開しなければならない状況におかれてい

「豊田・プラット協定」は、昭和4（1929）年12月21日に調印された。前列右端が豊田喜一郎、1人おいて原口晃。特許譲渡料は、のちにプラット社からの製作上のクレームにより1万6500ポンド減額された。

ました。七カ月間の外遊中に同社の販売は大きく落ち込み、あわせて経営上のパートナーでもあった原口晃が、喜一郎のリーダーシップの確立を意図して退職したことにより、喜一郎には同社の経営に全力を尽くすことが求められました。

もっとも、こうした状況下にありながら、喜一郎は、不況のなかでの遊休人員を活用してスミス・モーターの試作に乗り出し、帰国した年の十月に試作を終えています。当時、二輪や三輪の自転車に輸入したスミス・モーターを取り付けて、荷物の運搬に活用することが頻繁におこなわれていました。それだけに、このエンジンの試作の成功は、喜一郎に大きな自信を与えたのです。

スミス・モーターの試作の成功を見届けるかのように、病床の佐吉は十月三十日に死去しました。佐吉の葬儀の喪主を喜一郎が務め、豊田紡織の佐吉の持株はすべて喜一郎に相続されました。

豊田佐吉は、つねに時代に先んじた織機の発明に取り組んだ。また、大正10（1921）年には、上海に豊田紡織廠を設立、その経営にも尽力した。63年の生涯に２度の藍綬褒章を受賞している。

長引く不況のなかで賃金の引き下げがおこなわれ、人員整理を契機とした争議も経験する一方、豊田佐吉というカリスマを失い、豊田系企業の従業員のモラール（士気）は著しく低下していました。そこで、社内の雰囲気を敏感に感じ取った利三郎と喜一郎は、大胆な策を打ち出します。それは、昭和六年二月に「豊田・プラット協定」で得た二五万円全額を、特別慰労金として豊田系企業の全従業員六〇〇〇名に分配するというものでした。具体的には、発明関係者へ分配された一〇万円を除く一五万円が、すべて従業員に分配されたのです。それは、女子工員の月平均給与が二八円程度であったこの時代、一人あたり二五円ほどの慰労金を受け取ったことになります。そして、企業経営の困難な時期にあって、経営陣のこの決断は、従業員のモラールの向上に大きく貢献しました。

遠州織機
現在の社名は、エンシュウ株式会社。明治37（一九〇四）年、足踏織機の製作を開始した鈴木政次郎によって創業。鈴政式織機の製造販売から始まり、昭和4（一九二九）年には阪本式自働織機を完成させた。現在は、工作機械や輸送機器部品の製造を主たる事業としている。

ハイドラフト精紡機
従来、織布に使用する糸は、粗紡機で粗糸にしたものを、精紡機によって細く引き伸ばし（ドラフト）、撚りをかけて完成させていた。ハイドラフト精紡機は、精紡機におけるドラフト率を高めることにより、粗紡工程を簡略化させて、紡織の合理化に大きく貢献した。

自動車事業進出を決断させた背景

じつは、昭和五（一九三〇）年十月に成功したエンジンの試作から、昭和八年九月に豊田自動織機製作所内に自動車部が設置されるまで、喜一郎の自動車事業進出に関する動きは判然としていません。しかし、当時の従業員の回想によれば、昭和七年から八年にかけて、2サイクルエンジン*のスケッチや電気炉溶解*を喜一郎から指示されており、

2サイクルエンジン
ピストンが一往復するごとに燃料が点火されるエンジン。2ストロークエンジンとも呼ばれる。

電気炉溶解
電気炉を用いて、電気エネルギーを熱エネルギーに変換して、金属材料を溶解すること。成分を調節して高品質の鋳物が製造できる。

戸畑鋳物
母方の大叔父にあたる井上馨の支援を受けて、明治43（一九一〇）年、鮎川義介によって設立された。昭和6（一九三一）年には、ダット自動車製造を傘下とする。現在の日立金属の前身。

スミス・モーターの試作後、製品技術と生産技術に関して技術的な問題の解決に乗り出していた形跡があり、自動車事業への進出を模索する喜一郎の意図がうかがわれます。また、これに先立つ昭和六年末から七年の前半には、自動車事業への進出について、社長の利三郎の内諾が得られていたと考えられています。

こうした背景には、プラット・ブラザーズ社・豊田式織機・豊田自動織機製作所の合併・合弁計画が存在していたこと、そして、豊田式織機が自動車事業進出の動きをみせていたことなどが考えられます。当時、名古屋市長の大岩勇夫は、中京地域をアメリカのデトロイトのような自動車製造の中心地にすべく名古屋の有力企業の説得にあたっており、豊田式織機も自動車のエンジン鋳物の製作の面から、自動車製造への模索をおこなっていました。つまり、利三郎・喜一郎ともに事業の分離・統合も視野に入れて、豊田系企業を柔軟に運営することを考えていたのです。また、競争企業である豊田式織機が自動車製作の準備にとりかかったという情報は、喜一郎の自動車事業にかける情熱もあいまって、利三郎の承諾を得るには充分な要因であったのでしょう。

プラット社との協定を結ぶ旅から帰国した喜一郎の自動車事業に進出する準備は、後述する政府の自動車国産化の動きと軌を一にしています。とりわけ、昭和八（一九三三）年秋の自動車部設置以来、本格化した豊田自動織機製作所の動きは、行政の動向を睨んだものでした。没落していく世界の繊維産業の実情をよく理解していた利三郎は、

昭和16（1941）年ごろに撮影された豊田紡織本社工場の空撮。平成6（1994）年、同地に開館した産業技術記念館（トヨタテクノミュージアム）では、この工場の建物などが保存、活用されている。

繊維産業の将来像を危惧していた喜一郎と、その思いを共有していました。そして、新規事業開拓の夢は、自動車部に託されたのです。

喜一郎がめざした国産大衆車の確立

豊田自動織機に自動車部が設置された当時、国内ではフォード、シボレークラスの大衆車よりも、小さな小型車分野では戸畑鋳物[*]がダットサン[*]の製造権を持ち、大きなクラスでは自動車工業[*]が「スミダ」を、東京瓦斯電気工業[*]が「ちよだ」を、そして両社が「いすゞ」（商工省標準型式自動車の統一した車名として昭和九年七月に決定された）を製造していました。しかし、昭和六年の満州事変で活躍したことにより、その効用を再認識した軍部がもっとも望んだのは、フォード、シボレークラスの大衆車でした。そして、行政の動向も従来の標準車クラスの保護育成から、大衆車

フォード モデルA（1929年・日本製）。大正14（1925）年、横浜に建てられたフォード組立工場では、まずT型が生産され、このA型は本国のモデルチェンジに合わせて生産された。

クラスの育成の方向で推移していきました。喜一郎が、他の国産メーカーが着手していない大衆車生産を選択した真の理由は判明していませんが、こうした政府の方針と無縁ではなかったと思われます。

豊田自動織機製作所が自動車部を設置した三カ月後の昭和八年十二月二十二日、戸畑鋳物は自動車工場建設の地鎮祭をおこない、二十六日には日本産業と戸畑鋳物の出資により自動車製造株式会社が設立され、ダットサン、シボレー、フォードの部品の大量生産が企図されました。この動きは、豊田系企業に大きな刺激を与えることになります。年末の慌ただしい三十日に臨時取締役会が招集され、翌年一月の臨時株主総会で自動車事業を社業に加えることが決定されたのです。

喜一郎は、自動織機や紡機の製作によって、自動車製造に必要となる技術者が育ちつつあるとは考えていましたが、なお、自動車の設計・製造に関する技術についてでは、社内だけでは調達できないと判断しまし

シボレー フェートン（1931年・日本製）。昭和2（1927）年、大阪に建てられたゼネラルモーターズ組立工場で生産された。日本製であるため、フォードA型と同様、右ハンドルとなっている。

た。そこで、豊田式織機や*白楊社から自動車製造の経験者を招聘するとともに、社外の専門家からのアドバイスを得て、新規事業の準備は進められました。そして、製造や販売に関わる多くの経験者たちは、国産大衆車の製造と販売に夢をかけると同時に、国産車確立にかけた喜一郎の人間的な魅力に魅せられていきます。喜一郎は、自分の知識の及ばない部分については素直に専門家に支援を求めながら、従業員たちが病気になった際には、その家族にまで配慮を怠らないような人物でした。

昭和八（一九三三）年の秋から一九三三年型シボレーのスケッチが開始され、シボレーのエンジンと*クライスラーのエアフローの車体構造が設計の参考にされました。そして、昭和九年三月に豊田自動織機製作所刈谷工場内に試作工場が完成し、九月にはA型エンジン（４サイクル、水冷式、三三八九ＣＣ、六二馬力）の試作に成功しました。この開発には、*シリンダー・

ダットサン 12型フェートン（1933年）。フェートンとは、折りたたみ式の幌のある4人乗りのオープンカーであることが多いが、この12型フェートンには後部座席が設けられていなかった。

ブロックの鋳造が大きな課題となりましたが、技術者がアメリカから持ち込んだ油中子[*]によって解決の道が開かれたのです。しかし、喜一郎は、試作中のエンジンの馬力の不足に悩み、競争企業の動向に危惧の念を抱いていました。

日産自動車（昭和九年六月に自動車製造が改称）は、フォード、シボレークラスの大衆車生産をおこなうという声明を発表して、日本フォード向けの部品製作にもとりかかり、昭和十（一九三五）年四月には、大量生産方式によるダットサン・セダンの第一号車をライン・オフさせました。こうした動向のなかで、喜一郎と従業員たちは、焦燥と多くの技術的困難とに悩まされながらも、英米の技術雑誌などの情報を利用して、問題をひとつひとつ解決していきました。かくして、昭和十年五月、Ａ１型乗用車第一号試作車が完成し、八月にはＧ１型トラック試作車が完成しました。そして、同月に国産自動車工業の保護と育成を狙った自動車工業法要綱が閣議決定されたのです。
この時期、喜一郎にとっての気がかりは、まだ一台の自動車も販売できていないという実情に対して、豊田系企業の株主や古参従業員など多くの関係者から、不安や不満が高まってきていたということでした。また、そのような不安や不満を身近でもっともよく理解していたのは利三郎でした。利三郎は、自動車事業への周囲の不満を抑えることによって、喜一郎の理想の実現を支えたのです。

神谷正太郎の起用で築いた量販体制

昭和十一（一九三六）年、喜一郎は、販売店経営者に対して自動車事業の基本方針についての説明をおこない、販売の組織化に乗り出しました。技術者でありながら、販売の重要性について喜一郎はよく理解していました。
同年六月には刈谷に組立工場を建設し、七月にはA1型を改良したAA型乗用車が、九月にはG1型を改良したGA型トラックが公表され、乗用車とトラックの生産モデルが出揃いました。喜一郎は、この年の五月に公布され、七月に施行された自動車製造事業法を睨みつつ、前年からG1型トラック生産による実績づくりをおこなっていました。こうした喜一郎の努力が結実して、九月、豊田自動織機製作所は、日産自動車とと

ダットサン
大正3（一九一四）年、快進社自働車工場が完成させたダット号（脱兎号・DAT号）が、名前の由来。DATは、快進社の出資者3人のイニシャルである。

自動車工業
昭和8（一九三三）年、東京石川島造船所の自動車部門から分離した石川島自動車製作所と、ダット自動車製造の合併により設立された。

東京瓦斯電気工業
明治43（一九一〇）年に設立された東京瓦斯工業が、大正2（一九一三）年に改称したもの。現在の日野自動車、いすゞ自動車の源流のうちの一社にあたる。

昭和10（1935）年、試作工場でおこなわれたA1型乗用車の完成式。手叩きのボディーにA型エンジンを搭載した3台の試作車がつくられ、豊田喜一郎は、毎日のように試運転をおこなった。

もに自動車製造事業法の許可会社に指定されたのです。なお、この許可会社には、五年間にわたり所得税、営業収益税、地方税と自動車製造に必要な機械、器具、材料等の輸入関税の免除、増資、起債に対する商法の特例が認められました。

ただし、喜一郎は、許可会社に指定されたことを手放しで喜んでいたわけではありません。喜一郎はつぎのように述べています。

「私自身の道楽心からいうと、自動車工業法（自動車製造事業法のこと）に頼らなくては成立し得ないような工業はやりたくありませんが、日本の現状においてはやむをえないことでありましょう。（中略）かならず成功するような法律を設けられて、前途は明らかになってきただけ、暗夜の道を探る楽しみが減ぜられました」

自由競争の信奉者であった喜一郎は、政府の庇護の下に入ることを歓迎せず、許可会社として国家の求める国産車を外国車よりも安価に高品質で製作できるか、政府の保護の下で競争力がつかない事態になりはしないかなど、その問題点を危惧していました。ただし、自動車事業の立ち上がりの困難さを少しでも軽減できるならば、政府の庇護も利用するという現実的な側面もあわせ持っていました。

トラックによる生産実績づくりとともに注目すべきは、喜一郎がこの当時、すでに自動車産業にとって不可欠な量販体制の確立を指向している事実です。喜一郎にマーケティング・センスを吹き込んだのは、彼の懇請によって日本ゼネラルモーターズ（GM）販売広告部長から転籍した神谷正太郎でした。喜一郎から「販売は一切、君に任せてもいい」との言質を得ていた神谷は、同じく日本GM出身の花崎鹿之助、加藤誠之とともに販売部を発足させて日本GM方式のフランチャイズ・システムを採用し、一県に一ディーラーを展開していきます。

神谷は、日本GMのディーラーをつぎつぎに説得して、トヨタのディーラーに鞍替えさせていきました。また、神谷の進言により、外資系企業が潜在的需要の開拓に大きな実績をつくっていた販売金融方式を採用した喜一郎は、日本フォード、日本GMと同じ一二カ月の月賦をおこなう販売金融会社として、昭和十一（一九三六）年十月、トヨタ金融株式会社を設立しました。

後年、トヨタの成長をリードした従兄弟の豊田英二が豊田自動織機製作所に入社したのは、この年の四月のことです。入社したばかりの英二は、東京芝浦に研究所設置を任され、工作機械の調査や東京における豊田製品の品質のチェックをおこないました。ま

日本産業
大正元（一九一二）年に久原房之助によって設立された久原鉱業の社長に就任した鮎川義介は、昭和3（一九二八）年、同社を日本産業（日産）に改組した。

白楊社
大正元（一九一二）年に豊川順彌が設立した白楊社は、大正10年にアレス号を試作。大正13年に発売したオートモ号は、その後、約三〇〇台を製造した。

クライスラー
一九二五年、ウォルター・クライスラーによって設立された。同社のエアフローは、一九三〇年代初頭から生産された。二〇〇九年に経営破綻、新生クライスラーとして再建された。

トヨダ AA型乗用車（1936年）。豊田自動織機製作所にとって初めての生産型乗用車として誕生。理想的ともいえる前輪荷重や優れた乗り心地を実現していた。

た、東京地区における部品メーカーの発掘も任務としました。そして、翌年の昭和十二年に本社勤務となった英二は、監査改良部に配属され、クレームのあったトヨタ車を調査して対応する責任を負いました。

経営者としての喜一郎の志向

自動車製造に乗り出した喜一郎の現実的な側面を裏づける点として、彼が小型自動車製造にも関与していた事実が指摘されています。当時、成長を続けていた自動車市場は、のちに見るように小型車の分野でした。現実的な経営者であった喜一郎は、小型車にも関与しつつ、大衆車というリスクを取ったのです。

昭和六（一九三一）年に小型トラックの製造を開始した京三製作所[*]は、同社が中心となって昭和十二（一九三七）年六月に設立した京豊自動車工業に、同年十二月、小型車（七五〇ＣＣ、四分の三トン積み四輪トラック）と部品の製造を移管しました。この京豊自動車工業には、設立時から喜一郎が取締役として名を連ねています。トヨタ自動車工業設立の二カ月前の出来事です。

昭和十二年八月、トヨタ自動車工業の創立総会が開催され、翌九月には豊田自動織機製作所から自動車事業が譲渡されました。喜一郎は、自らトヨタ自工の設立趣意書をまとめ、経営組織の整備も手がけています。社内組織を明確にして、各部の目的と所管事項を明文化するとともに、職位の設定や職務権限にいたるまで、自らの手で書き起こしています。

なかでも、特筆すべきは研究部の存在です。研究部は東京に置かれ、それぞれの技術の専門家を顧問や嘱託として招聘し、自主性を尊重した研究活動を可能にしました。まさに、目先の利益とは無関係に、将来への備えとして設けられた部門です。これは、経営者であると同時に技術者でもある喜一郎の想いを具現化したものでした。数千種類、数万点の部品の集大成としての自動車の製造は、分業とそれにもとづいた協業を抜きには考えられず、組織づくりが重要であることを喜一郎は熟知していました。さらに、昭

昭和25（1950）年、トヨタ自動車販売の初代社長に就任した神谷正太郎。第二代社長は加藤誠之が務めた。

シリンダー・ブロック
鋳鉄やアルミ合金で作られたエンジンの中心となる部分で、鋳鉄製はそのままピストンを通すシリンダーとなっているものが多い。シリンダー・ブロックを挟んでシリンダー・ヘッドとクランク・ケースを取り付け、エンジンの本体を構成する。

油中子
中子（なかご）とは、鋳物に中空部を作るための砂型。油中子は、浜砂に乾性油を混ぜて作った砂型のこと。

京三製作所
鉄道信号システムなどの製造と販売を手掛ける機械メーカー。大正６（一九一七）年に創立された東京電機工業は、国内初の電気式鉄道信号などを製造、のちに京三製作所に改称して小型トラック「京三号」を完成させた。この京三号は、最盛期には月産一五〇台を記録している。

和十二年九月以降、挙母工場の建設が進められるなかで、喜一郎は「必要なときに、必要なものを、必要なだけ」というジャスト・イン・タイムの考え方を生産現場に浸透させる努力を払っていました。

挙母工場の稼動と品質問題

昭和十四（一九三九）年三月、挙母工場の稼動によって生産を軌道に乗せた喜びもつかの間、喜一郎は自動車の品質問題に頭を悩ませることになりました。時局を反映して、商工省により急激ともいえる増産を指示されたことがその要因でした。喜一郎は、品質の改良に最大の努力を払いました。社内の各部門の問題点の洗い直して、品質に直接関係する部署を喜一郎が自ら担当し、材質や設計、製造の方法にまでさかのぼって品質の改善を図ったのです。

また、個別の作業と工場全体の作業方法の見直しにより、ジャスト・イン・タイム実現への努力を始めました。品質問題の解決に全力を挙げる一方、コストの低減をめざした喜一郎は、これまでの購買方針を見直すことにしました。つまり、外注部品と内製部品の見直しを通じてコストを削減し、トヨタ車の価格を引き下げて外国車との競争を現実のものにしようと企図したのです。また、部品の内製化を進めて品質の改善に努めな

昭和13（1938）年に撮影された挙母工場（現在の本社工場）。工場建設は、昭和12年9月に着工、昭和13年11月に竣工した。用地となった旧挙母町は、のちに豊田市となった。

がら、部品の国産化を奨励する国策に協力して、資材の供給を受けるという意図もありました。

昭和十四年十二月に、トヨタ・日産・フォード間の合弁企業設立交渉がおこなわれました。軍部の介入で実現にはいたりませんでしたが、喜一郎は、自ら研究・製造の経験を積み、学習能力を高めたうえで、海外の先進技術を導入することを厭いませんでした。それが、国産自動車事業の確立に賭けた喜一郎の考えであり、社長の利三郎にとっても、国産車の品質を向上させるうえで、海外の技術は、喉から手が出るほど欲しいものでした。

時局の要請に応じた急激ともいえる量産体制の構築が、品質問題を露呈させました。量産の困難さを認識した喜一郎は、とりわけ鋼材の問題に注目しています。鋼材の品質の不安定さと外注部品の問題が、自動車の品質に問題を生じさせているとの認識は、喜一郎に鋼材すなわち自動車用特殊鋼の内製を決断させまし

昭和13（1938）年11月3日、挙母工場の竣工式は、会社関係者だけでおこなわれた。新調した作業服に身を固めた豊田喜一郎（前列右より２人目）。この日がトヨタ自動車の創立記念日となった。

た。そして、刈谷の豊田自動織機の工場内に製鋼工場が新設されましたが、昭和十四年八月には、愛知県知多郡で製鋼工場の建設を始めています。さらに、国内外の工作機械メーカーからの入手が困難になると、工作機械の自社生産も始めざるをえなくなりました。

こうした状況下の昭和十六（一九四一）年、喜一郎はトヨタ自動車工業の社長に就任しました。

戦時統制の進展に阻まれる企業活動

昭和十二（一九三七）年の日中戦争*の勃発は、自動車産業に大きな課題を突きつけました。軍部や軍需産業に対して、重点的にトラックを配分することが求められたのです。昭和十三年、軍用トラック増産措置として乗用車の生産制限、小型乗用車の生産中止が商工大臣によって通達され、翌十四年五月には、乗用車販売が商工大臣の承認を必要とすることになりました。

昭和11（1936）年、建設された当時の刈谷組立工場。

さらに、その後も統制は強化されて、同年十月には国*家総動員法に基づく価格統制令により、九月一八日現在の価格で自動車・部品の価格は停止価格となり、昭和十六（一九四一）年三月の商工省告示によって、統制価格が改めて定められました。

また、昭和十五年六月には、トヨタと日産あてに商工省機械局長から通達があり、大型トラックとバスに対する配給統制が強化されました。これによって、購入希望者は、地方の警察の承認を受けて販売店に購入を申し込み、販売店の調査を経て、はじめてメーカーに配車が申請されるという手続きが必要となりました。しかも、商工省が内示する四半期ごとの需要先別配給予定数量を考慮したうえで、商工大臣の承認を必要としたため、一般の注文に応じられる可能性はきわめて低いものとなったのです。

昭和十六年には、自動車統制会が発足しました。統制会とは、各産業別に設立され、生産計画、原材料計

昭和16（1941）年、トヨタ自動車工業の第２代社長に就任した豊田喜一郎は、昭和25年まで社長を務めた。初代社長は、豊田自動織機製作所の社長であった利三郎が兼任した。

日中戦争
昭和12（一九三七）年、北京の郊外の盧溝橋で起きた日本軍と中国軍との衝突（盧溝橋事件）を契機として勃発した。ただし、太平洋戦争に突入する昭和16年まで、両国による宣戦布告はおこなわれていない。

国家総動員法
日中戦争下で制定された全面的な戦時統制法。戦争遂行のため、労務、賃金、物資、物価、企業、動力、運輸、貿易、言論など、国民生活の全分野を統制する権限を政府に与えた授権法。

画、配給計画の各設定と遂行、企業の整備、規格統一や能率の増進、会員事業に関する監査などの事業を政府の監督下に統括しようとするものでした。

統制会は、企業を会員として、政府が会長を任名しました。自動車統制会の会員には、トヨタ自動車工業、日産自動車、ヂーゼル自動車工業、川崎車輛、日本内燃機、車輪工業の完成車、特殊軍用車、部品メーカー合わせて六社が名を連ねました。会長には、軍部出身でヂーゼル自動車工業社長の鈴木重康が就任し、豊田喜一郎も評議員として役員に名を連ねています。

自動車統制会は、発足後まもなく、自動車と部品の配給機構について検討して試案を作成しています。そして、商工省、企画院、陸海軍など関係各省との調整を経て、昭和十七（一九四二）年六月五日、商工省企画局長から「自動車および部分品配給統制機構整備要綱」が通達されました。これにもとづいて、翌七月十日、日本自動車配給株式会社（以下、日配と略す。資本金一〇〇〇万円の内訳は、トヨタ、日産、ヂーゼルが各二〇〇万円、部品工業組合、協力者団体が各一〇〇万円、自動車配給会社とその他で二〇〇万円）が設立され、中央における一手買取配給のしくみがスタートしました。社長には、日産出身で自動車統制会理事・配給部長の朝倉毎人が就任しました。なお、トヨタからは常務取締役に神谷正太郎、監査役に豊田喜一郎が就任しています。

また、中央の買取配給機関である日配の設立と並んで、のちの各都道府県に下部組織

日産自動車
昭和8（一九三三）年、鮎川義介は、戸畑鋳物によるダットサン製造の継続にあたり自動車製造を設立、翌年6月に日産自動車と改称した。

ヂーゼル自動車工業
昭和12（一九三七）年、自動車工業と東京瓦斯電気工業の合併によって設立された東京自動車工業が、昭和16年にヂーゼル自動車工業と改称した。

川崎車輌
明治11（一八七八）年、川崎正蔵により創業された川崎造船所の鉄道車両部門が分離、昭和3（一九二八）年に兵庫で設立された。おもに六甲号など、バス、トラック、乗用車を生産した。

として自動車配給会社（以下、自配と略す）が設立されました。つまり、各メーカーの系列販売店は、各都道府県別に自配に統合されることになったのです。もちろん、メーカーも系列のディーラーも、呉越同舟となる合同に賛成したわけではありませんでしたが、時局の要請に抗えるべくもなく、自動車人として将来に期待する想いのもとに国策に協力したのです。

各都道府県別に生まれた自配は、トヨタと日産系ディーラーがそれぞれ三、ヂーゼル系のディーラーと部品商がそれぞれ二の割合で資本を負担しました。そして、自動車統制会の傘下に位置する日配と自配は、メーカーが直接軍部に納車した残りの自動車を民間に配給する役割を担いました。

戦後の生産再開と業績悪化

第二次大戦の進展にともない、昭和十八（一九四三）年十月に軍需会社法が公布されました。同法は、軍需生産の拡大を目的に、それに必要な会社を指定して、直接統制を加えるものでした。従来の統制会を通じた「間接的な統制の限界」を打破することをめざしたのです。

具体的には、従来からおこなわれていた陸海軍監督官の軍需工場への常駐に加えて、

昭和8（1933）年、現在の名古屋市昭和区に、鈴木禎次の設計により建てられた豊田喜一郎の別荘。現在は、愛知県豊田市のトヨタ鞍ヶ池記念館に修復、保存されている。

軍需会社法に指定された会社の社長は、生産責任者に任命され、全社的に軍需生産に励むことが求められました。また、同法には、生産責任者制のほかに、企業への国家の直接介入、従来の統制法規からの企業活動の解除などが規定されており、国家の戦争遂行への強い意思の反映となっていました。

昭和十九（一九四四）年、トヨタ自工が軍需会社に指定されて陸軍の監督下におかれると、喜一郎は、工場から距離をおくようになっていきます。そして、純粋に技術上の問題に関心を集中させるとともに、名古屋の南山町につくった別荘で、戦時中の食糧難を切り抜ける目的から、鶏の飼育や野菜の栽培などの農作業にも没頭しました。

しかし、喜一郎の満たされない日々は、敗戦によって終わりを告げます。昭和二十（一九四五）年十一月、喜一郎は、自動車統制会にかわって自動車業界の統括団体として設立された、自動車協議会の会長に就

トヨペットSA型乗用車（1951年）。昭和22（1947）年、トヨタ自動車工業はSA型によって小型乗用車に進出した。2ドアを標準としたオーナードライバー向けであった。

任しました。

また、戦時中の自動車配給組織であった日配と都道府県別の自配が解体され、以前のメーカー別の販売会社に復帰していく動きのなかで、昭和二十一年五月、喜一郎は、いち早く各都道府県の配給会社の代表者を挙母に招待して懇談しました。戦後の再スタートを切るうえで、喜一郎がいかに販売について重視していたかをうかがわせるエピソードです。

昭和二十二（一九四七）年、トヨタ自工ではSA型小型乗用車の試作が完成し、大型・小型トラックの生産も始まりました。しかし、戦後の自動車生産が再開されるなかで、喜一郎は、その生産設備に大きな不安を感じていました。長年にわたり使用されてきた生産設備には、十分にメンテナンスもおこなわれていない機械などが少なくなかったのです。この時期の喜一郎は、国際競争力の獲得に、場合によっては、外国車メーカーとの提携も考えていました。

昭和二十四（一九四九）年のドッヂ・ライン*は、トヨタ自動車工業に大きな影響を与えました。インフレの抑制と単一為替の設定による影響は、販売代金の回収を遅らせ、自動車に対する需要を著しく減少させました。また、材料の値上がりも、資金繰りをより悪化させたのです。

こうした最悪ともいえる状況のもと、従業員の解雇をめぐる労使間の緊張のなかで、喜一郎は、体調に異常をきたしました。そして、昭和二十五年六月、争議の責任を取って社長を辞任したのです。

昭和25（1950）年、第３代社長に就任した石田退三は、明治21（1888）年、現在の愛知県常滑市に生まれた。

喜一郎が脳溢血で死去したのは、二年後の昭和二十七（一九五二）年三月、まだ五七歳の若さでした。喜一郎は、日本の自動車産業が確立する姿を目にすることなく、この世を去ったのです。この間、喜一郎の後任として社長に就任したのは豊田自動織機製作所取締役社長の石田退三でした。石田は、社長就任直後の挨拶で、会社の業績が好転したときには、再度、創業者である豊田喜一郎を社長に迎えたいとの意向を表明しましたが、それを実現することはできませんでした。

日本内燃機
昭和７（一九三二）年、蒔田鉄司によって設立された。「くろがね」のブランドで、オート三輪市場をリードした。のちに現在の日産工機となる。

二、戦前の自動車産業が歩んだ紆余曲折

黎明期の日本自動車産業の課題

ここまでは、できるだけ読者の混乱を避ける目的から、叙述に直接関係する範囲に限定して、戦前の自動車産業の状況についてふれてきました。そこでここからは、豊田自動織機製作所の自動車事業進出を考えるうえで、当時の状況をより深く理解するために知っておくべき、戦前の自動車産業の動向および政府の産業政策について、概説しておくことにします。

明治三十年代に日本に自動車が初めて持ち込まれて以降、明治三十五（一九〇二）年には内山駒之助[*]と吉田真太郎により、明治三十七年には山羽虎夫[*]によって、自動車の試作がおこなわれました。大正時代には、ダット号やオートモ号などの製造が、それぞれ快進社[*]と白楊社によっておこなわれてもいます。しかし、二十世紀の初めから自動車の試作が続けられたわりに、日本の自動車産業の基盤整備と企業としての採算性の確保は、なかなか進んでいません。

その理由は、自動車製造に取り組んだ当時の技術者の多くが独善的であり、資本を社

ドッジ・ライン
昭和24（一九四九）年、日本経済の自立と安定を目的に、GHQ経済顧問ジョセフ・ドッジ（ドッジ）によって立案、実施された財政金融引き締め政策。

内山駒之助と吉田真太郎
東京自動車製作所を設立した吉田駒之助と技師の内山真太郎は、有栖川宮親王の注文に応じて、明治40（一九〇七）年、国産初のガソリン車「タクリー号」を完成させた。

吉田式 タクリー号（1907年）。内山駒之助と吉田真太郎によって製造された国産初のガソリン自働車。ガタクリ走るところからタクリー号と呼ばれた。写真は、有栖川宮に納入された1号車。

会に求めるという努力を怠っていたことや、外国に実在する先進技術の導入に消極的な姿勢をとったことなどが挙げられます。また、自動車製造に取り組んだ当時の人々には、なにより自動車が「大量生産と大量販売を前提とした産業」であるとの認識がありませんでした。

自動車産業は、組立加工型の総合機械工業であるため、素材や部品の性能と品質が、自動車の性能と品質に直結します。なお、素材についていえば、自動車用の特殊鋼では、昭和十（一九三五）年時点でも、需要の六〇％は輸入に依存する状況でした。また、部品についていえば、プラグ、計器、電装品などは輸入に依存しましたが、その他の多くの部品は、自動車メーカーが自製せざるをえませんでした。さらに、工作機械についても、高級工作機械が国内で生産されることはありませんでした。以上のように、当時の工業技術の水準は、国内における自動車生産を困難にすると同時

山羽式 蒸気自動車（1904年）。山羽虎夫によって製作された国産初の自動車。蒸気を動力とする10人乗りのバスとして開発されたが、実用化されずに解体された。

に、自動車づくりをめざす人々の認識も、自動車生産に阻止的に作用したのです。

こうした状況のもとで、第一次大戦によりブームを享受した造船業が、多角化の一環として自動車製造事業に進出しました。当時の造船業は、資本と技術に恵まれた日本の先進産業として、原動機から工作機械にいたるまでを自製しており、自動車を製造するための諸条件をある程度備えた総合機械工業の一つでした。

軍用自動車補助法と外資系会社

*東京石川島造船所や*三菱造船神戸造船所は、自動車製造に進出しました。しかし、自動車産業と造船業では、産業のもつ性格が大きく異なっていることに気がついてはいませんでした。たとえば、注文生産を特徴とする造船業が自動車製造事業に進出しても、大量生産と大量販売のシステムを構築することが困難でした。また、第一次大戦後の不況のなかで、自動車事業は経営の困難に遭遇しました。そうした流れのな

かで、自動車事業の継続に大きな貢献をなしたのが「軍用自動車補助法」です。

第一次大戦中、自動車は軍事的に利用され、その有効性に着目した軍部が主導して、大正七（一九一八）年三月、軍用自動車補助法が制定されました。同法は、年間一〇〇台以上の生産能力をもつメーカーを指定して、製造補助金支給のもとで軍用保護自動車を生産させ、購入者にも購入と維持のための補助金を支給することで、生産と保有を促進することを意図していました。そして、有事に際して、それらの自動車を軍部で徴発することを最終目的としていました。なお、同法の有資格者となったのは、東京石川島造船所自動車部、東京瓦斯電気工業自動車部、ダット自動車製造*の三社でした。

軍用自動車補助法は、自動車工業の基盤を維持すると同時に、製造技術を培養するうえで一定の効果をあげました。当時の国産メーカーは、大戦後の慢性不況のなかで経営不振にあえぎ、その多くが自動車製造から撤退し、前出の三社が同法の保護のもとでかろうじて製造を続けているという状況でした。また、大正十二（一九二三）年の関東大震災では復興需要が生まれましたが、ビジネス・チャンスをつかんだのは国産メーカーではありませんでした。

日本に対する復興用の自動車の輸出を契機に、アメリカのフォード社とゼネラルモーターズ社（GM）が、日本における組立生産を実施しました。そして、両社が日本でおこなったフランチャイズ*・システムによるディーラー展開と販売金融が効果を発揮し

山羽虎夫

明治37（一九〇四）年、岡山市で工場用の発動機などの修理や製作をしていた山羽は、資産家の注文に応じて、国産初の自動車「山羽式蒸気自動車（バス）」を完成させた。しかし、適したタイヤの調達がかなわず、実用化はならなかった。

快進社

東京高等工業学校（現在の東京工業大学）出身の技術者であった橋本増治郎は、明治44（一九一一）年に快進社自働車工場を創業。大正3（一九一四）年の東京大正博覧会にダット号を出品して、大正7年に快進社を設立した。

快進社 ダット号（1911年）。橋本増治郎によって製造されたダット１号車は、完成度に問題があり、解体されてダット２号車に作り直され、東京大正博覧会で金杯を獲得した。売れ行きも上々であった。

て、短期間に日本の市場を制覇していったのです。両社は、ともに各県に一ディーラーを展開して、一二カ月の月賦による自動車の販売を開始しました。従来、その多くが輸入され、富裕層の道楽やわずかな営業用としての利用しかなかった自動車は、新たな大量生産と大量販売の時代を迎え、人々の自動車に対する認識も大きく変わっていったのです。

無免許規格の拡大による小型車の普及

一九二〇年代には、短距離の交通・運輸手段として、馬車、自動車、牛車、荷車、人力車、自転車が混在していました。しかし、乗用・貨物運搬用ともに、しだいに自動車への代替が進んでいくことになります。ただし、当初は、乗合馬車や人力車などは著しく減少しましたが、荷積用馬車や牛車については増加の道をたどります。乗用の自動車への代替は、営業用が中心であり、タクシーやバスが、乗合馬車や人力車の代替財として増加したのです。

荷積用馬車や牛車の代わりに、トラックが急増することはありませんでした。たとえば、一トンに満たない積載量の牛車は、古くから農家の自家用として用いられており、運搬上からも経済的にも、トラックに代替する必要には迫られていませんでした。また、荷積用馬車についても、トラック輸送を必要とする急送品を除いて、運賃の安さを武器に減少することはありませんでした。

しかし、自動車の価格が安くなれば、小商工業者が貨物運搬用として自動車を利用する可能性は高まります。そして、こうしたニーズをくみ取って、自転車にエンジンを取り付けた貨物用の自動自転車が作られるようになります。一九二〇年代を通じて、自動自転車の保有台数は、三〇〇〇台から二万台規模に増加しました。

当時、自転車に取り付けるエンジンとしては、スミス・モーターが代表的なものでした。これは、大正三（一九一四）年ごろよりアメリカから輸入されており、四サイクル・一六七ＣＣエンジンが付いた補助車輪でした。これをそのまま、もしくはエンジンだけを自転車や三輪自転車に取り付けると、自動自転車に変わるというものでした。

一九一〇年代に出現した自動自転車は、運転席の前方に二輪の荷台を付けて、後輪にスミス・モーターを取り付けた三輪車でした。そして、この貨物用の三輪自動自転車は、その後、クラッチや変速機が装備されて、積載量も増強されるにしたがい、前一

東京石川島造船所
嘉永６（一八五三）年、幕府によって石川島造船所が開かれ、明治に入り、その払い下げを受けた平野富二が石川島平野造船所を設立。同社が、明治22（一八八九）年に石川島造船所となり、明治26年に東京石川島造船所に改組した。

三菱造船神戸造船所
三菱合資会社により、明治38（一九〇五）年に設立された。大正６（一九一七）年には、長崎造船所とともに独立して三菱造船となり、同年にはイタリアのフィアットを参考に、三菱Ａ型を完成させた。

白楊社 オートモ号（1925年）。白楊社を設立した豊川順彌は、工場経営や工作機械などを学んだのちオートモ号を製造した。破格の約300台を販売、国産初の輸出車でもある。

輪、後二輪のスタイルに改良されていきます。ただし、エンジンはもちろん、変速機や電装品もすべて輸入品に依存していました。

一九二〇年代の中期以降は、自動自転車のフレームの性能を考慮して、エンジンが三五〇ＣＣに統一されました。また、大正十五（一九二六）年の無免許運転許可車の規格変更にともない、無免許運転が許可され、自動自転車は、内務省が交通を取り締まる必要から制定した自動車取締令の規格のもとで、運転に特別の技術を必要とせず、交通事故と渋滞を発生させない丈夫な車両として認められました。

その後、無免許の三輪車が、その実用性と経済性を実証するに及んで、従来の積載量二二五キログラム制限を越えた積載が一般化します。そして、こうした現状にともない、エンジン出力の拡大、変速機の改良などに対する要求が高まり、その結果、ユーザー、三輪車団体、エンジン輸入商などの陳情もあって、昭和五（一九三〇）年、無免許車規格は拡大されます。具体的には、車体寸法の拡

ダット自動車製造
大正14（一九二五）年に解散した快進社が、ダット自動車商会に改組。実用自動車製造との合併に前後して、大正15（一九二六）年にダット自動車製造が設立された。

フランチャイズ
主宰者（フランチャイザー）が、加盟店（フランチャイジー）に対して、商標利用権、一定地域内の独占的販売権、経営指導等を提供して、その見返りに特約料を徴収する制度。主宰者は、限られた経営資源で事業拡大が可能になり、加盟店は、ノウハウの利用により出店が比較的容易になる、というメリットがある。

大、前進二段という変速機制限が撤廃されて、三輪車の実用性がさらに高まりました。
なお、機関馬力・容積についても、大正十五年の三馬力以内という規格は、四サイクルで五〇〇ＣＣ以内、二サイクルで三〇〇ＣＣ以内という拡大がなされています。また、昭和八（一九三三）年にも規格の再拡大が実施され、機関馬力・容積は、四サイクル・七五〇ＣＣ以内、二サイクル・五〇〇ＣＣ以内となり、乗用人員の制限も撤廃されました。

こうした無免許小型車規格の拡大は、免許取得にかかる時間とコストからユーザーを解放しました。さらに、小型車に有利な狭小な道路、大衆車との価格差、小型車に有利な税制なども影響して、三輪車は、一九三〇年代に急激に保有台数を伸ばしていきます。なお、昭和八年の規格拡大では、乗用人員の制限も撤廃されたため、小型四輪車が出現することになりました。つまり、乗用では、二輪車、小型四輪車、大衆乗用車、貨物用では、三輪車、小型四輪貨物車、大衆貨物車という市場構造が構築されたのです。

小型車工業の形成と発展

三輪車の技術は、自転車の車体とオートバイのエンジンを基礎においています。したがって、エンジン排気量の拡大にともない、自転車の車体の弱さが問題となりました。

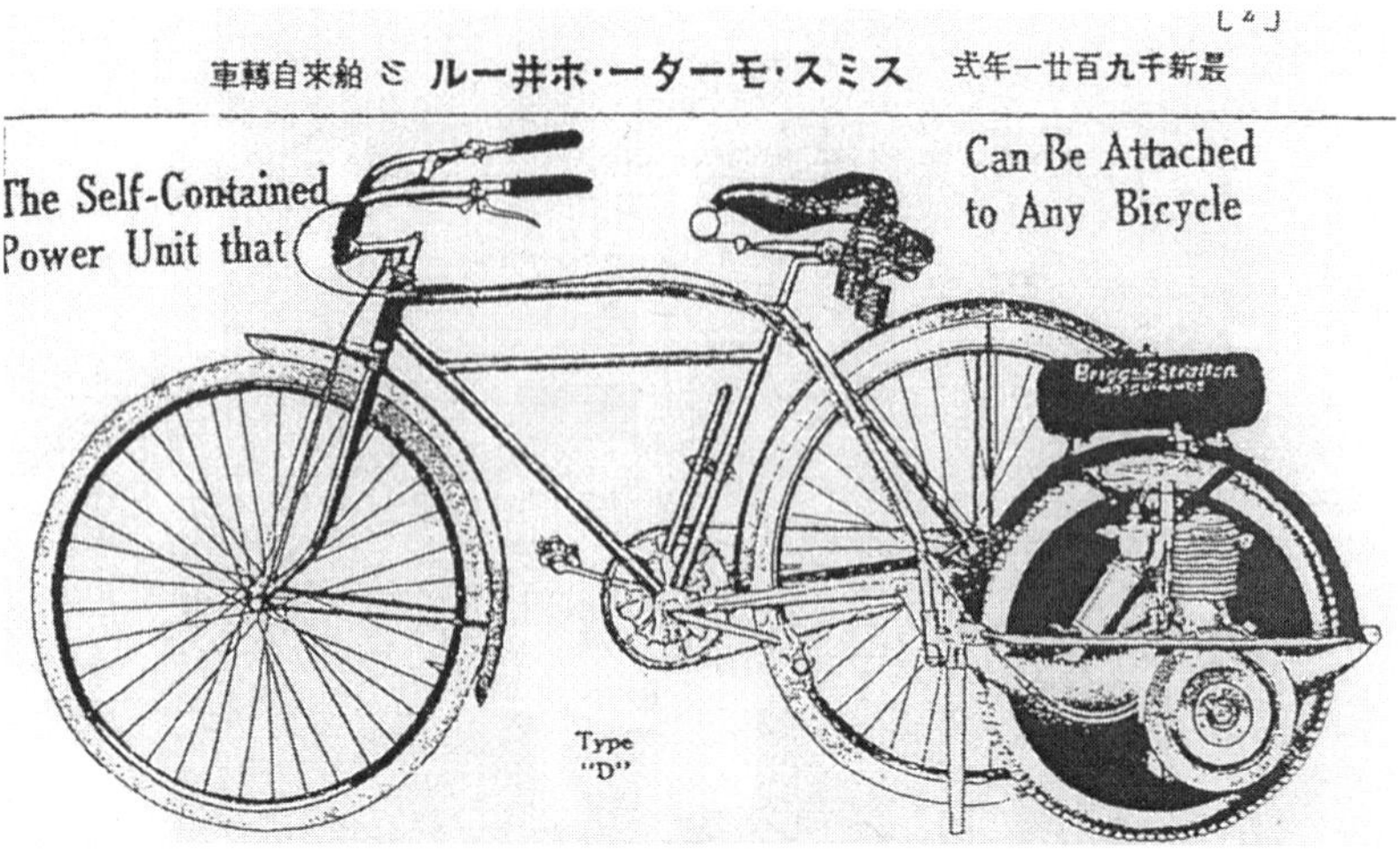

豊田喜一郎は、イギリスで「豊田・プラット協定」を締結した翌年の昭和5（1930）年4月に帰国。その年の10月には、スミス・モーターの試作を完成させている。

しかし、少量生産の制約のもとで、プレス機を利用した専用フレームの製造は困難であり、材料や設計の改善によって強度を確保する方向に向かいました。

エンジンについては、一九二〇年代末になって国産エンジン開発の胎動が大企業の間にみられ、一九三〇年代になってようやく、エンジンをはじめ主要部品の国産化が進展しました。これには、為替レートの切り下げと関税の引上げにより、国産エンジンが価格競争力を得たことも大きな意味を持ちます。また、小型車市場の拡大により、大衆車部品メーカーが小型車部品製造に乗り出すケースも生まれました。

一九二〇年代から三〇年代にかけて、小型車の生産には大きな変化がみられます。一九二〇年代の小型車の生産は、自転車問屋や部品メーカーなど、自転車関連企業を中心とした小規模生産の段階にありました。小型車の生産は、問屋を媒介とする小規模部品企業によって担われており、大企業による完成車の一貫生産は、ほとんどおこなわ

マツダ DA型三輪トラック（1931年）。東洋工業（現在のマツダ）が初めて生産した自動車。マツダ号と呼ばれ、この年は66台が生産された。三菱商事に販売を託したことから三菱のマークがついている。

れてはいません。輸入したエンジンと国産の自転車フレームを組み合わせる生産方法が、小型車生産を小規模にしていたのです。

小型貨物需要を中心として三輪車の需要が伸びると、自転車関連から三輪車の生産に参入する企業が増加しました。大正十五（一九二六）年から昭和四（一九二九）年にかけて、三輪車企業は二社から三五社へと急増しています。しかし、これらの企業は、それぞれが年間一〇〇台程度の生産力しか持たない、小規模な企業でした。

以上のような状況は、一九三〇年代に入ると大きく変化します。エンジン、フレーム、部品を内製する三輪車専門の大企業が登場するのです。需要の増加にもとづいて規模の経済性が期待できる条件が整い、鋳造・鍛造・機械加工の経験をもつ大企業が、三輪車の生産に乗り出していきました。とりわけ、発動機製造*、東洋工業*、日本内燃機は、製品名「ダイハツ」「マツダ」「くろがね」でそれぞれ人気を博し、昭和十二（一九三七）年の時点で、三社を合わせ

ダイハツ 三輪自動車HA型（1930年）。発動機製造（現在のダイハツ工業）によって製造された第１号車のHA型は、翌年に改良が加えられHB型（ツバサ号）として量産された。

て、三輪車の生産シェアの六七%を占めるようになりました。

ダットサンと日産自動車の誕生

昭和五（一九三〇）年の規格改定により、日本初の小型四輪車として型式認定を受けたのが、五〇〇ＣＣのダット号です。ダット号は、快進社によって製造され、性能も一定の評価を得ていました。快進社は、大正末の外資系企業との競争のもとで経営を悪化させ、久保田鉄工所傘下の実用自動車と合併し、ダット自動車製造となりました。

昭和六（一九三一）年、鮎川義介*率いる戸畑鋳物は、ダット自動車製造を買収してダット号の改良車を製造しました。ダット号の息子として「ダットソン（ＤＡＴＳＯＮ）」と命名されましたが「ソン」が「損」に通じることを嫌い、ライジングサンの「サン

（ＳＵＮ）」を代入して、ダットサン（ＤＡＴＳＵＮ）と改称されたのです。

　昭和八（一九三三）年、ダット自動車製造と石川島自動車製作所の合併により、自動車工業株式会社が誕生しました。しかし、この合併によって、戸畑鋳物のダットサン製造権も新会社に継承されてしまいました。そこで、戸畑鋳物は、自動車工業と交渉して、ダットサンの製造権を無償で獲得することに成功しました。自動車工業が目標としていたのは、軍用の大型自動車の生産であり、小型車のダットサンは、同社に必要のないものとみなされたのです。

　戸畑鋳物自動車部では、ダットサンの生産が再開されました。そして、鮎川により昭和八年十二月に自動車製造株式会社が設立され、翌年、社名が日産自動車に改められました。本格的な自動車事業への進出に際しての必要資金は、鮎川が主宰する日産コンツェルン*傘下の日本鉱業や日立製作所の株式公開益一〇〇〇万円によって賄われました。

　鮎川義介は、鋳物の技術を活用して自動車部品を生産し、日本フォード、日本ＧＭに納入したうえで、部品生産から自動車生産に乗り出すことを構想していました。さらに、日本ＧＭを買収して、ＧＭの技術を導入しようという思惑を抱いていました。

　しかし、日産とＧＭとの交渉は、軍部の介入で成立しませんでした。最終的には、デトロイトのグラハム・ページ自動車会社の製造設備を横浜工場に移設して、量産体制を整えていきます。日本産業は、昭和十一（一九三六）年に経営不振で清算中であったグ

発動機製造
大阪高等工業学校（現在の大阪大学工学部）の研究者を中心に、内燃機関の製作と販売を目的として、明治40（一九〇七）年に設立された。昭和5（一九三〇）年には三輪自動車「ＨＡ型」の発売を開始、昭和26（一九五一）年に現在のダイハツ工業に改称した。

東洋工業
松田式ポンプを開発、その製造と販売などを大阪でおこなった松田重次郎は、大正10（一九二一）年、前年に故郷の広島に設立された東洋コルク工業の社長に就任。昭和2（一九二七）年に、社名を東洋工業に改称して、昭和6年から三輪自動車「マツダ号」の生産を開始した。

ラハム社から、設備一式と同社によるキャブオーバー*型トラックの設計を買い取る契約を結びました。自動車製造事業法による許可会社の指定をめざして、大衆トラックの量産技術を確保しようとしたのです。

日産が生産するダットサンをはじめとして、京三製作所、発動機製造、東洋工業などが生産する多くの小型車が、市場に登場しました。運転免許が不要なうえに、車庫の必要もないという特典をもつ日本特有の車両規格である小型自動車は、モータリゼーションの素地を醸成したということができます。

大学を卒業した鮎川義介は、工学士の肩書きを隠して、芝浦製作所（現在の東芝）に一職工として入社した。

外資系に対抗する国産車の育成行政

自動車関係製品の輸入は、日本フォード、日本GMの組立生産によって、しだいに増加していきました。そして、輸入品総額に占める割合も漸増して、国際収支の悪化の一つの要因ともなっていきます。一方、軍用車の安定供給をめざす軍部は、国産メーカーの早期確立を期待していました。

鮎川義介
明治13（一八八〇）年、現在の山口県山口市に旧長州藩士の長男として生まれる。東京帝国大学機械科を卒業後、井上馨の紹介で芝浦製作所入社。職工として勤務するかたわら、都内近郊の数十の

大正十五（一九二六）年に貿易収支の改善をめざして、商工省に諮問機関として置かれた国産振興委員会に、昭和四（一九二九）年「自動車工業を確立する方策如何」が諮問され、その答申にもとづいて昭和六年五月、自動車工業確立調査委員会が設置されました。そして、同委員会の決定を受けて、商工省は、国産三社（石川島自動車製作所、東京瓦斯電気工業自動車部、ダット自動車製造）共同の標準規格車を定め、助成策を講じながら規模の経済性を追求しようとします。この結果、商工省標準型式自動車が生まれました。排気量四三九〇CC、六気筒のエンジンを搭載したトラック（積載量一・五〜二・〇トン）とバスが、積載量と定員別に合わせて五種、標準車に定められました。

しかし、標準車の生産に取り組んだ国産三社は、すでに量産・量販体制を整えていた日本フォード、日本GMの競争相手とはなり得ませんでした。また、確立調査委員会が確立策に盛り込んだ国産三社の合同についても、東京瓦斯電気工業の不参加によって、実現しませんでした。輸入を防遏し、満州事変後*の軍需にも対応するため、商工省と軍部は、国産車の育成に積極的な姿勢をみせましたが、状況は遅々として進展しませんでした。

そこで、昭和七（一九三二）年六月には国産自動車組合が組織され、生産調整と補助金の割当を内容とした三社カルテル*による経営基盤の確立策が採られました。また、自動車・部品の輸入税率も改正して、同月には、部品従価三〇％を四〇％に引き上げ、エ

工場を見学、のちに渡米して鋳鉄工場の見習工となる。帰国後、戸畑鋳物を設立。昭和42（一九六七）年に没した。

日産コンツェルン
鮎川義介が形成した、日本産業を母体とする企業グループ。敗戦後の財閥解体を経て、日産グループ、日立グループなどに再編されている。

キャブオーバー
フロントにエンジンがありながら、外見上、フロントにボンネットのない形状の自動車。

満州事変
昭和6（一九三一）年、中国の遼寧省にある柳条湖で、日本軍が南満州鉄道を爆破した柳条湖事件を契機として勃発した日中間の武力紛争。勝利した日本は、翌年に満州国を建国、領有した。

カルテル
同一業種の各企業が独占的利益を得ることを目的に、競争を避けて価格の維持・引き上げ、生産の制限、販路の制約などの協定を結ぶ連合形態。

ンジン類は、従量税一〇〇〇斤（六〇〇キログラム）につき二〇円が、従価三五％へと改定されました。

国産三社合同の動き自体は、昭和八（一九三三）年三月の石川島とダットの合併による「自動車工業株式会社」の設立で進展をみます。東京瓦斯電気工業も傍観しているわけにはいかず、同年十二月、自動車工業との共販会社として「協同国産自動車株式会社」の設立を余儀なくされました。そして、こうした経緯によって、国産自動車組合は自然消滅したのです。

軍部の主導による自動車産業の変質

一方、昭和六（一九三一）年の満州事変を境に、軍部は発言権を強めて、自動車国産化行政の主導権を握っていきます。昭和八年末、陸軍省整備局の伊藤久雄大尉が自動車工業確立に関する研究に着手し、フォード、シボレークラスの大衆車（排気量三五〇〇CC、トラックの積載量一・〇〜一・五トン）生産に向けて、その方策づくりをおこないました。最終的に、商工省の同意をとりつけ「自動車工業法要綱」がとりまとめられると、昭和十（一九三五）年八月に閣議決定をみます。同要綱の趣旨は、自動車製造事業を許可制として、外資系企業を排斥することにおかれていました。その後、同要綱は

アツタ号（1932年）。アツタ号は「中京デトロイト構想」により、豊田式織機、日本車輌製造、大隈鉄工所（現在のオークマ）、岡本自転車自動車製作所の４社によって共同開発された。

政府により立法化の過程をたどります。

同要綱の立法化は、日本フォードと日本ＧＭを排斥することと、自動車製造事業を許可制にすることで市場を寡占化し、国産メーカーの生産基盤を確立する最後の策として考えられていました。そのような政府による保護主義の強まりは、外資系企業に自己防衛策としての日本残留戦略を採らせることになります。日本フォードは、製鋼から組立までの一貫生産工場を建設して、既成事実を積み重ねようとしました。他方、日本ＧＭは、鮎川義介率いる日本産業との提携を模索しました。しかし、両社の対応は日本政府を刺激しました。そして、かえって要綱の法制化の動きを早める効果をもたらしたのです。

昭和十一（一九三六）年五月には「自動車製造事業法」が制定されましたが、その趣旨は、要綱と同じものでした。法制化に際しては、保護と助成、そして監督の内容を条文化したものが加えられました。なお、

TGE A型トラック（1917年）。東京瓦斯電気工業（現在の日野自動車など）の独自設計により、軍用保護自動車に認可された第１号車。大正7（1918）年から３年間に20台くらい製造された。

同法の特異な点は、その付則にうかがわれます。付則には、外資系企業二社の年間生産台数を制限する内容が盛り込まれていました。

同法のもとでの製造事業許可を申請したトヨタと日産は、昭和十一（一九三六）年九月に許可会社に指定されます。自動車製造事業法は、外国メーカーの生産を抑制して、成長の見込まれる市場を許可された国内メーカーで確保するための方策でした。そして、その許可会社には、税制上の優遇措置などが施されることになりました。

しかし、自動車製造事業法の実施から一年、日中戦争のもとで、同法の構想と実情はかけ離れていきます。事業に制約を課したとはいえ、日本フォード、日本GMとの競争と小型車との共存を前提に、国産大衆車工業を確立しようという事業法の構想は、戦時統制経済のもとで変質していきました。経営資源の軍需生産への重点配分によって、その埒外に置かれた外資系

ちよだ TX40型（1933年）。東京瓦斯電気工業自動車部が製造した商工省標準型式車は「ちよだ」、石川島自動車製作所（のちの自動車工業）が製造したものには「スミダ」と命名されていた。

企業は撤退し、生産と販売は統制され、小型車・大衆乗用車の生産が犠牲となり、軍需向けに大衆トラックの増産のみが、メーカーに要請されていったのです。

植民地「満州」における国産車行政

日本内地の国産車育成行政は、植民地における国産車の利用と大きく関わっていました。昭和六（一九三一）年の満州事変後から昭和十六年に至るまで、日本は、満州において二期にわたる経済建設計画を立案・実施します。そして、なかでも自動車産業は、国防の観点から重視されていました。内地の市場がアメリカ車に席捲されているなかで、植民地の市場まで外国車に支配されることは、国産車の早期育成にとって大きな障害となることが予想されました。

そこで、満州の自動車産業振興確立策には、漸進主義がとられます。具体的には、満州の自動車需要に国

昭和13（1938）年、軍部の要請により開設されたトヨタ自動車工業の天津（中国天津市）組立工場。ここでは、開発されたＢ型エンジンを搭載したGB型トラックの組立がおこなわれた。

産車を充てることで国産車工業の確立を支え、部品の移入と組立に重点を移行し、最終的に満州で一貫生産体制を実現する、という三つの段階を追って進められるというもので、この政策を実現する主体として、昭和九（一九三四）年、同和自動車工業株式会社が設立されます。

同和は、先に述べた協同国産自動車から部品移入する商工省標準型式自動車の組立販売に注力して、昭和十一（一九三六）年六月には豊田自動織機製作所と提携契約を結び、満州における豊田の代理店機能を果たしながら、豊田製の大衆車の取り扱いにシフトしていきました。しかし、期待された同和の活動は、遅々として進捗しませんでした。

昭和十二（一九三七）年には「満州産業開発五箇年計画」[*]の主役に、鮎川義介が率いる日産コンツェルンが指名されました。従来の南満州鉄道にかわって日本産業が満州開発に乗り出し、満州重工業開発株式会社が設立されます。このとき、鮎川の産業開発構想の一環として重要な位置を占めたのが、自動車産業でした。満州重工業開発は、昭和十四（一九三九）年、新たに満州自動車製造株式会社を設立して自動車の製造をめざし、その配給部門を同和が担当しました。その後、昭和十七（一九四二）年五月、同和は満州自動車に吸収合併されます。しかし、鮎川が構想した満州自動車も、最終的には自動車製造をおこなえないまま敗戦を迎えることになりました。

満州産業開発五箇年計画
昭和6（一九三一）年の満州事変後、実質的に「満州」における政治・経済の主導権を握った日本の軍部は、昭和6～11年の第一期経済建設、昭和12～16年の第二期経済建設（産業開発五箇年計画）を通じて「満州」における経済統制政策を展開し、満州経済の発展を独自に追求しようとした。そして、日本と満州の国防を考慮して、経済統制政策のなかで比較的重視されたのが、軍需に直結する自動車産業の振興であった。

第三章　トヨタを築いた販売力と生産力

一、トヨタ自動車販売と神谷正太郎の革新

経営危機とトヨタ自動車販売の創設

第三章では、創業者・豊田喜一郎と時代と場を共有し、彼の国産車開発にかけた情熱を継承して、戦後におけるトヨタのめざましい発展に貢献した神谷正太郎、大野耐一、豊田英二の三人に焦点をあてながら、戦後のトヨタについてみていくことにします。

戦後、日本経済の不健全体質を払拭する目的で採用されたドッヂ・ラインは、超均衡予算の実現をめざし、復興金融公庫融資*の停止や価格差補給金*の整理により、物価と賃金の安定を図りました。この結果、インフレは収束し、物価は安定基調に入りました。

しかし、事実上、補助金と商品別の為替レートに守られていた日本企業にとっては、その後の為替レートの固定化（一ドル＝三六〇円）とあいまって、ドッヂ・ラインは大

復興金融公庫融資　第二次大戦後の経済復興のため、昭和22（一九四七）年に設立された政府の長期金融機関。全額政府出資で石炭、鉄鋼、電力などの基幹産業に重点的に融資をおこなった。

価格差補給金　補助金の一種。鉄鋼、石炭、肥料などの基礎物資について、供給者価格が消費者価格（公定物価）を上まわる場合、差額を財政から補給して企業利潤を保証するもの。

昭和23（1948）年、急行列車と競争するSA型乗用車。小型車の開発に際して、豊田喜一郎は「日本に適した乗用車はアメリカ流の大型のものではなく、いきおい小型のものになって行くであろう」と語った。

きな打撃となりました。それまでの商品別の為替レートに比べて、輸出品の大幅な円の切り上げ、輸入品の切り下げを余儀なくされたのです。従来の円建て価格では、輸出品のドル建て価格が値上がりするため、輸出数量を減らさないように、円建て価格の値下げの必要に迫られました。他方、輸入品の値上がりにより「製品安の原料高」が進行するなかで、産業界には合理化の嵐が吹きました。製品価格が下落しても需要は振るわず、原料価格は高騰し、いわゆるドッジ不況が訪れたのです。

ドッジ不況のなかで、企業倒産は続出しました。昭和二十四（一九四九）年の一年間だけで八〇〇〇件を超える倒産が起きており、トヨタ自動車工業もその例外ではありえませんでした。販売不振と売掛金回収の遅れにより資金繰りが悪化し、昭和二十四年末には、およそ二億円の年末資金調達が存亡の岐路となっていました。しかし、日本銀行によって、トヨタはこの危

今日のトヨタの販売方式を確立した神谷正太郎。後年、その功績から「販売の神様」と呼ばれた。

機から救われます。

　中京地区産業界に及ぼすトヨタの影響の大きさを考慮した日本銀行名古屋支店の介入により、緊急融資*シンジケートがつくられ、危機は回避されました。ただし、シンジケートが提示した再建構想には、販売会社の分離案が盛り込まれていました。それは、販売会社が売れる台数だけ製造会社が生産する、という考え方に基づくものでした。この案をトヨタは受け入れ、昭和二十五（一九五〇）年四月、トヨタ自動車販売株式会社が創設されたのです。

　*制限会社に指定されていたトヨタ自動車工業は、会社・役員・従業員の新会社への出資を禁止されました。そのため、神谷正太郎個人の資格で資本金が集められ、トヨタ自動車工業からは、三五八名の社員と商標の使用権などを譲り受けました。

　トヨタ自動車販売の設立後、神谷正太郎は、同社を銀行団の示した単なる販売・金融会社としてだけではなく、ディーラーの管理を含めた、トヨタのトータル・マーケティングを遂行する主体として育んでいきます。その神谷がまず取り組んだのは、資金の調達に道を開くことでした。当時の自動車に対するユーザーの認識は、国産車よりも低価

商品別の為替レート
敗戦直後の日本の貿易は昭和22（一九四七）年9月に民間貿易が再開された後も、貿易庁が民間から輸出品を高く買い上げて、輸入品は廉価に払い下げる方式で、商品ごとに異なる円ドル換算レートが用いられていた。

格・高品質を実現している輸入車を利用したほうが経済的である、というものでした。また、トヨタ自動車工業ですら、存亡の危機を脱したばかりといった状況でしたから、資金の調達は最優先の課題でした。

神谷は、ユーザー振り出しの月賦手形を担保にして、見返り融資を受けることで資金の調達を図ろうとしました。産業金融偏重で商業金融にはまだなじみのなかった当時にあって、金融機関の協力を得るまでには苦労しましたが、資金調達力は、この成功によって大幅に向上します。また、このシステムの確立が、トヨタ自動車工業を資金繰りの煩わしさから解放することにもなりました。

つぎつぎに打ち出された新機軸

昭和二十五（一九五〇）年にアメリカの自動車販売の実情を視察した神谷は、流通販売システムの近代化を促進させて、信頼される産業としての基盤を整備していきます。神谷は、GMの標準ディーラー経営法を教科書にして、ディーラーの財務管理、債権債務管理、在庫管理にも新しいシステムを導入していきました。また、在庫情報を中心とするディーラーの情報管理を推進して、自工・自販・ディーラーによる緊密な連絡体制を築いていきました。

融資シンジケート
複数の銀行で組織された協調融資団。貸し手にとってはリスクが分散できるうえに、借り手にとっては大きな資金を効率的に調達できる。

制限会社
昭和20（一九四五）年12月8日付のGHQ覚書「制限会社に対する規則」により、財閥関係会社による不当な資産処分の防止が図られた。翌年4月三井系の東洋棉花がトヨタ自動車工業の株式の約14％を保有していたために、トヨタ自工は制限会社の指定を受け、その企業活動は制約されることになった。

昭和22（1947）年5月10日、創業以来の生産累計が10万台を突破したトヨタ自動車工業は、これを盛大に祝うとともに、敗戦からの再出発を新たに決意した。

神谷は、戦前の日本GM時代に経験した、メーカーとディーラーのあまりにもドライな関係に疑問を抱いていました。そこで、トヨタの販売網設立に際しては、両者の関係に「日本的情緒と相互理解と協力の精神といった人間的要素」を持ち込み、情緒的な結びつきが強い日本の取引慣行や業者間関係を尊重する方法をとりました。また、こうした人間的要素の重視と緊密な連携は、その後のメーカーによるディーラーの系列化などを形成していくうえで、重要な骨格となっていったのです。

神谷は、つぎつぎに新機軸を打ち出し、自動車の流通販売をより洗練されたかたちに変革していきました。昭和二十八（一九五三）年には、大学新卒者をセールスマンに採用して、自動車販売の社会的威信の向上に努力しました。また、昭和三十二（一九五七）年には、定価販売制を採用します。これは、従来、店頭価格が販売店やセールスマンの裁量に任されており、

昭和29（1954）年、神谷正太郎が業界各社に働きかけて開催した第１回全日本自動車ショー。東京の日比谷公園で10日間をかけておこなわれ、入場者は長蛇の列をつくり54万7000人を突破した。

水増し価格やプレミアム付き販売などにより自動車販売の信用が低下していたため、それを防止する目的で実施されました。他方、潜在的な需要を開拓・育成するための先行投資として、自動車学校や自動車整備学校の開設が進められました。そして、免許取得者の増加と販売の促進に大きな効果を上げたのです。

　さらに、高度経済成長期のモータリゼーションのもとで、大量販売が軌道に乗るにつれて、従来の一県一販売店制から複数販売店制（各県のテリトリーに車種ごとに複数のディーラーを設置する方法）に転換が進んで、その後の五系列*の原型がつくり上げられました。そして、この方法は、トヨタの販売力の増強につながったばかりでなく、市場を細分化して、各対象市場に効果的に商品を投入していくことを可能にしていったのです。

　系列化されたディーラー網においては、アメリカのようなショールーム販売の手法よりも、学卒セールスマンによる訪問セールスの手法が定着していきました。それは、セールスマンの人件費が高く、人口密度が低い地域もあって訪問販売が適切ではなく、ユーザーが来店して交渉するという商慣習をつくり上げてきたアメリカと異なり、セールスマンとの人間的つながりを基礎に、登録、車検手続き、保険手続き、事故処理、修理やメンテナンスサービスなど、さまざまなサービスをパッケージにしておこなうという特徴を生み出すことになりました。そして、ユーザーを多くの煩わしい手続きから解放したこの手法は、そのユーザーからもっとも歓迎されたのです。

五系列
トヨタの販売網における五つのグループ。トヨタ店、トヨペット店、カローラ店（旧パブリカ店）、オート店（のちのネッツ店）、ビスタ店（のちにネッツ店に統合）。

昭和42（1967）年、54歳でトヨタ自動車工業の第5代社長に就任した豊田英二。

体系的マーケティング技術による量販体制

自動車会社は、一九六〇年代に市場の大きな変化に見舞われました。従来のハイヤーやタクシーに中心をおいた営業用から、六〇年前後の法人の自家用という用途をはさんで、個人の自家用という用途が大きな位置を占めるようになっていきました。そして、こうした需要構造の変化をリードしたのが、トヨタでした。

トヨタ自動車工業は、創業者・豊田喜一郎の大衆乗

パブリカ UP10型（1961年）。昭和35（1960）年の第7回全日本自動車ショーで発表、100万通を超える応募から車名が決定された。実用性と経済性を優先させすぎて、反省を残した車種でもある。

用車構想を受け継いだ豊田英二のもとで、六〇年代初めに七〇〇CCのエントリーカー、パブリカを投入しました。さらに、パブリカでトヨタのユーザーになった免許取得者をアップ・グレーディングさせるための上級車の商品ラインも充実させていきました。

パブリカは、昭和三十六（一九六一）年から新たにディーラー網を展開して、大衆車市場を積極的に開拓していきます。また、昭和四十二（一九六七）年には第二の大衆車店としてトヨタオート店が創設されて、大衆車の量販体制がつくり上げられました。個人の自家用として急拡大する需要の変化に対して、神谷は、パブリカ店の設置にあたり、大府県には複数の専門店を置いて、同一地区で同一車種を併売する本格的な複数販売店制の採用に踏み切ったのです。彼は「一升のマスには一升の水しか入らない。二升、三升の水を入れるためには、マスの数を増やさねばならない」と述べて、複数販売店制採用の意義を説明しています。

表1　トヨタの販売店数の推移

	トヨタ店	トヨペット店	ディーゼル店	カローラ店	オート店
1938年	29				
1955年	49	1			
1960年	49	51	9		
1965年	49	53	11	69	
1970年	49	52	4	84	62
1975年	50	51	2	82	67

出典：トヨタ自動車『創造限りなく トヨタ自動車50年史』1987年。

トヨタにおける対ディーラー策は、日産とは異なり、一九五〇年代から一貫して投資と役員派遣には踏み込まず、あくまでも地元資本を尊重しながら、必要に応じて融資によって支援する、という態度に終始してきました。これが「一にユーザー、二にディーラー、三にメーカー」という神谷の理念と符合するものであり、こうした理念に支えられた車種別の専売制という手法が見事に成功しました。「地元の有力な資本と人材を集め、一県一店ずつの販売店を設立、フランチャイズ・システムを採用する。メーカーは、資本的にも人的にも直接販売店の経営には参加しない」という基本方針のもと、ディーラー企業家の自律的活動によって、トヨタは、良好なパフォーマンスを達成することに成功したのです。

自動車は、高価な耐久消費財であり、きめ細かいサービスが求められます。そこには、従来の流通機構では対処できない要素が多く含まれていました。そこで、新たに出現したこの高額商品を認知してもらうために、さまざまな販売促進策が求められました。また、商品を買いやすくするためには、割賦販売といったしくみも必要でした。

他方で、販売とアフターサービスにあたるディーラー網の整備も不可欠でした。市場の成長につれて、生産できた台数だけ販売する方式から、売れる台数

表2　主要自動車メーカーの販売体制・比較（1968年）

	トヨタ	日産	東洋工業	三菱	いすゞ	富士重工	ダイハツ	本田
ディーラー数（店）	237	266	84	142	78	51	69	218
資本金（億円）	159	182	24	66	53	15	20	
従業員数（人）	71,547	64,392	30,170	27,703	20,025	7,963	11,072	40,000～50,000
車両セールスマン数（人）	17,716	18,231	9,025	7,725	4,574	2,152	3,062	
直営拠点数	1,937	1,402	824	807	436	196	257	
サブ・ディーラー数	76	579	943	1,874	85	271	554	
サービス工場（直営指定工場）	1,800	2,353	1,308	1,684	772	442	266	
マーケット・シュア（%）	26.9	24.0	11.3	8.8	3.6	4.4	6.4	7.8

注：①1968年末の数字である。
②本田以外は、トヨタ自販調べによる。
③本田は、本田技研調べによる。なお、本田の数字は、独特の業販制をとっており、単純に他社と比較できないため、できるだけ比較可能にした実質的販売力をあらわすものである。
出典：上野裕也・武藤博道「自動車工業論」『中央公論 経営問題』中央公論社、1970年。

だけ生産する方式へ転換する必要も生まれてきます。その結果、綿密な販売予測と生産管理の体系的な結合という、より複雑な課題も要請されてきました。こうした高度な体系的マーケティング技術を戦後いち早く実施に移したのが、神谷率いるトヨタ自動車販売だったのです。

系列販売網の形成と競争優位

表1は、トヨタのディーラー数の推移をみたものです。これによれば、トヨタのディーラーが、取扱商品ライン別に着実に増加してきたことがわかります。また、昭和四十三（一九六八）年の各自動車メーカーの販売体制を比較した表2からは、販売体制の充実度とマーケット・シェアの間に強い相関があることがうかがわれます。なお、販売体制の整備にあたっては、すでに述べたように地元資本の活用という基本的方針の

トヨタ AB型フェートン（1936年）。AA型乗用車をフェートン形式（幌型）にしたモデルで、そのほとんどが陸軍に納められ、一般にはあまり渡らなかった。発売当初の価格は3300円であった。

もとでディーラー政策が運用され、ディーラー企業家の自律的活動が積極的に展開されたことが、大きな意味を持っていることを忘れてはなりません。

一九七〇年代後半になって、公正取引委員会は、自動車業界におけるメーカーやメーカー系自動車販売会社とディーラーとの取引実態を調査し、この時期になって、はじめて専売店制やテリトリー制について指導をおこないました。この事実は、専売店制やテリトリー制が、長らくディーラー側から支持されてきたことを意味しています。つまり、高度成長期のモータリゼーション進行時に、大量に、しかもさまざまなクラスで矢継ぎ早に開発される自動車を円滑に流通させるとともに、各社のブランド・イメージを確立させながら、販売後のメンテナンス水準を向上させる、という目的にかなうシステムとして、メーカー、ディーラー、ユーザーの三者ともに納得のいくしくみであることが評価されていたのです。

トヨタ AC型乗用車（1943年）。戦後の外国貿易代表団の足として組み立てられた50台を含めても、その生産台数は115台にしかならないが、戦後初の国産乗用車として歴史に名を残している。

神谷を魅了した喜一郎の情熱

戦後におけるトヨタのマーケティングの革新性は、戦前にその基礎が築かれたものも多く、神谷正太郎の存在が大きな意味を持っています。そこで、以下ではトヨタにおける神谷の企業家活動を戦前にさかのぼってみておくことにします。

神谷正太郎は、明治三十一（一八九八）年に愛知県知多郡に生まれ、幼年期に名古屋で製粉・製麺業を営む神谷家の養子となり、名古屋商業学校に学びました。大正六（一九一七）年に三井物産に入社し、シアトル勤務を経てロンドンに駐在しました。この間、彼は国際的なビジネス感覚を身につけていきます。そして、学歴偏重、家柄尊重に嫌気がさした神谷は、物産を辞して、大正十四（一九二五）年四月、ロンドンで鉄鋼関係の貿易業務を営む神谷商事を設立します。しかし、日本の不況とイギリスの炭鉱ストの影響などで

トヨペットスーパー RHN型（1953年）。昭和28（1953）年、小型車規格が1500ccまで引き上げられたのに合わせて発表された。ボディーは新三菱重工製で、おもにタクシーとして活用された。

事業は頓挫し、失意のうちに帰国しました。

神谷は、日本GMに「英語のわかる日本人」として入社すると、マーケティング部門に配属されました。昭和三（一九二八）年一月のことです。二年後には三二歳の若さで、日本人として最高の地位である販売広告部長に昇格しました。しかし、日本GMで勤務を続ける神谷は、日本の商慣習とはかけ離れた、あまりにもビジネスライクなディーラーとの関係に疑問を感じました。アメリカ人スタッフとともに仕事を続けていくことに、彼なりの限界を感じたのです。さらに、ちょうどそのころ、国産車育成の動きが、官民あげて盛んになりつつありました。

そこで、昭和十（一九三五）年十月、豊田自動織機製作所に入社した神谷は、国産車の販売に尽力することになりました。神谷と豊田喜一郎との仲介役を果たしたのは、シアトル時代に知遇を得た、豊田紡織支配人の岡本藤次郎でした。神谷は、喜一郎の自動車事業にかける情熱とその真摯な人柄に心酔して、トヨタへの入社を決意しました。のちに神谷は、当時を振り返ってつぎのように述べています。

「喜一郎氏の真剣さと誠実さには、まったく頭が下がった。じつは、そのときはまだ日本GM社を辞めると決めていたわけではなかったが、喜一郎氏のわたくしを信頼してくれる態度に感激し、きっぱり辞める決心がついた」

岡本藤次郎は、トヨタ自動車工業の設立時に監査役に就任した。

喜一郎から、販売についてのすべてを任された神谷は、創業間もない豊田の流通販売システムづくりに奔走しました。そして、入社から間もない昭和十年十一月、国産トヨダ号G1型トラックの発表会が開催されます。当時は、豊田の本社工場がある愛知県刈谷から東京芝浦に製品を輸送する際にも、部品が折れたり、エンジン調整が必要なほど、性能や品質に問題がありました。しかし、このような製品を外国車との競争のもとで販売することが、神谷に課せられた命題だったのです。

神谷は、まず、大量販売の前提として外国車よりも安く価格を設定して、需要を喚起

トヨダ G１型トラック（1935年）。最大積載量1.5トン、379台生産されたG１型トラックは、翌年の昭和11（1936）年9月に改良が加えられ、GA型トラックとして量産された。

したうえで大量生産に結びつける、それまで採算は度外視する、という策をとりました。また、ディーラー網の整備にも積極的に取り組んでいきます。まだ、国産車に対する信用もなく、トヨタというブランドもなかった当時、直営の支店方式ではなく、各地に地元資本と地元の人材によるディーラーを展開することにしました。

もっとも困難かもしれない最善の道

神谷は、全国的に販売網を展開していくに際して、つぎの三つの方法を検討しています。一つには、最初から地元資本に依存したフランチャイズ・システムを採用する。二つには、外国車のディーラーと契約して、併売により販売網を拡大する。三つには、自己資本による支店を展開する。そして、以上の三つの方法から、最終的に神谷は、もっとも困難かもしれない最

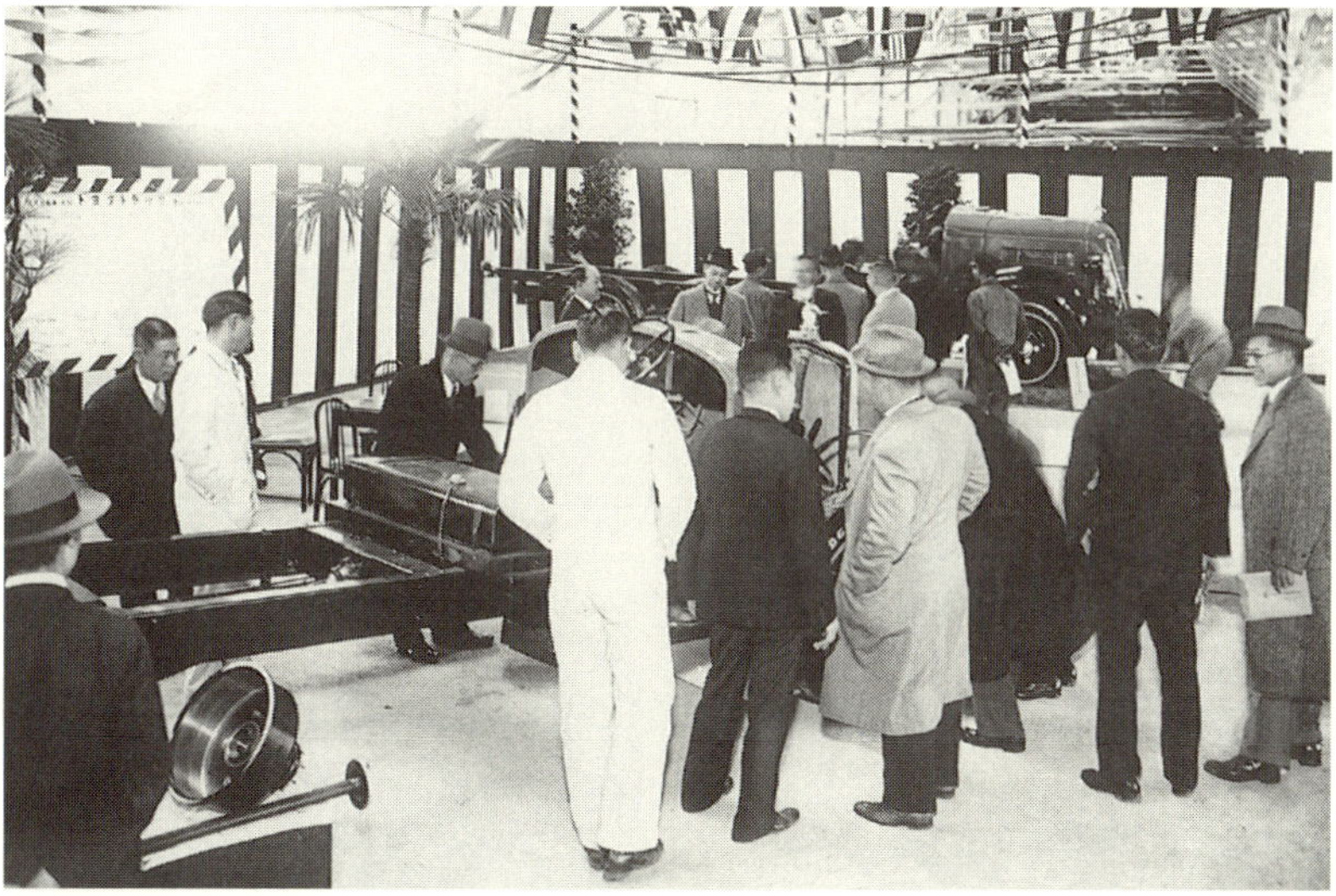
昭和10（1935）年11月、東京の芝浦ガレージ（現在のトヨタテクノクラフト）で開催されたG１型トラックの発表展示会。完成車の販売価格は、フォード、シボレーよりも200円ほど安い3200円だった。

初の選択肢を選んだのです。

三つめの方法を選択するには資金の手当がつかず、二つめの方法では、豊田車のブランド・イメージに混乱が生じやすく、そのうえ、品質と価格で外国車に競争力で劣る豊田車の拡販は、期待できない。そして、何よりも国産車確立による豊かな社会づくりを標榜する豊田の考えからすれば、地域に密着した地元資本との密接な協力関係のなかで、国産車の振興に邁進する方法が、最善の道であるとの判断がありました。

神谷は、日本GM時代に学んだアメリカ的フランチャイズ・システムに、日本的修整を施して、ディーラー・ネットワークを拡大していきました。国産車確立の気運のなかで、その将来に不安を感じていた外資系企業傘下のディーラーを説得して、豊田のディーラーに鞍替えさせることから、まず、ディーラー網づくりは始まりました。

日本GM時代の反省の上に立って、神谷の対ディー

昭和50（1975）年、トヨタ自動車販売の第2代社長に就任した加藤誠之。

ラー政策は慎重を極めます。利益率の高い外国車ディーラーをめざす予備軍が多く存在していたこともあり、外資系企業は、あまりにもビジネスライクな対ディーラー政策に終始していました。契約違反は即刻解約され、外国車ディーラーの看板は取り上げられました。こうした契約一辺倒のディーラーとの関係に疑問を感じていた神谷は、ディーラーの個々の事情に即して、投融資、経営指導などを通じて、きめ細やかに対応していきます。ディーラーは、単なる売るための道具ではなく、国産車振興のための運命共同体、と捉えたのです。

月賦販売の開始と戦時統制下の気脈

さらに、神谷の進言により、豊田は、潜在需要の開拓に不可欠となった月賦販売に乗り出し、昭和十一（一九三六）年十月、販売金融会社であるトヨタ金融株式会社を創設して、外資系と同じ一二カ月の月賦による販売を採用します。そして、昭和十二年八月にはトヨタ自動車工業株式会社が発足し、神谷は取締役販売部長に就任しました。こうしてトヨタは、生産関係の技術スタッフ、神谷をはじめ販売店との関係を重視する彼を慕って日本GMから移籍した加藤誠之、花崎鹿之助など、GMの洗練されたマーケティング・ノウハウを知り尽くした人々、加えて、収集された国内外にわたる技術情報、紡織・繊維機械事業にもとづく資本蓄積などの経営資源に恵まれ、大量生産・大量販売の体制を築き上げていくことになりました。

しかし、戦時統制の時期を迎えて、企業家の自由な発想と手腕で企業活動を展開していくことは、しだいに困難になりつつありました。事実、喜一郎がめざした大衆乗用車の量産と量販は、困難となります。統制の強化とともに自動車の生産は軍用トラックに集中し、販売ルートさえ統制下におかれることになりました。昭和十七(一九四二)年には、中央に日本自動車配給株式会社、のちの各都道府県に自動車配給株式会社が組織され、メーカー別の系列販売は消滅し、自由販売は否定され、すべてが配給になったのです。設立された日配が各メーカーの製品を一手に引き受け、それを各地の自配に配分して、その後、そこからユーザーに配給されるというルートが出来上がりました。

昭和25(1950)年、トヨタ自動車販売の設立に際して、花崎鹿之助は取締役に就任した。

神谷は、その日配の常務取締役として、車両集配の責任者となりました。この時期の神谷は、その職責から各地の自配に結集した各メーカー系列（日産系やヂーゼル系など）ディーラーの企業家たちと、気脈を通じることになります。そして、来るべき統制後の自由販売時代に備えて、統制強化の動きに抵抗する行動をしていました。こうした神谷の志向に共鳴したトヨタ以外の旧系列ディーラーの企業家たちは、戦後に系列販売が復活すると、つぎつぎとトヨタ系に乗り換えていったのです。

昭和50（1975）年、トヨタ自動車工業の副社長に就任した大野耐一。

二、トヨタ生産方式の試行錯誤と成果

世界に誇るトヨタ生産方式

これまでは、戦後におけるトヨタの流通販売システムの構築に、焦点をあて述べてきました。そこで以下では、戦後、トヨタ生産方式とよばれる革新的なモノづくりを開発

して、日本にとどまらず世界に、その影響を及ぼし続けてきたトヨタの生産の側面についてみていきます。

自動車産業の母国といわれるアメリカが、二十世紀の初めから信奉してきた少品種大量生産の考え方を根底から覆す多品種少量生産の実現と、品質と生産性の両立に見事に成功したのが、トヨタの生産方式です。もちろん、そのような方向をトヨタが当初からめざしていたわけではありません。当初は、アメリカ的な大量生産の手法が目標におかれていましたが、それが日本の実情にそぐわないことに、トヨタはいち早く気がつきました。そして、その生産のしくみを、わが国の実情に合わせるため、日々、試行錯誤を繰り返したのです。その結果、生まれたのがトヨタ生産方式といわれるユニークな生産方式です。

以下においては、トヨタ生産方式を現場で指導、構築した生産技術者・大野耐一を中心に話を進めていきます。

日本の自動車工業が背負った宿命

今日、日本の自動車産業に成長をもたらし、海外生産にあたっての技術移転の際の核心をなすのが、トヨタ生産方式です。そして、生産性と品質を両立させて、ユーザーの

大野耐一は、終戦直後から自動車産業の生き残りをかけて生産の合理化に取り組み、「ジャスト・イン・タイム」と「自働化」を軸に、トヨタ生産方式の確立に努力した。

ニーズに応じてムダなく生産するこの方式の確立と普及こそが、わが国の競争力優位の源泉といっても過言ではありません。

トヨタ生産方式は、[*]石油危機を経て、加工・組立産業、素材産業はもちろんのこと、サービス産業にまで普及して、日本型生産システムと呼ばれるようになりました。今日では、フォードが代表した大量生産システムにかわる普遍的なシステムとして、[*]リーン（ムダな部分を削ぎ落としたという意味）生産システムという言葉で知られています。

フォード方式に代表される、標準化された互換性部品による画一的な製品の大量生産を基本とするアメリカ型生産方式が、豊富な資源、熟練労働力の不足、大規模市場の存在などの条件のもとで創り出されてきたことを思えば、トヨタ生産方式もまた「歴史の所産」でした。トヨタの生産技術者であった大野耐一は、つぎのように述べています。

「トヨタ生産方式なるものは、戦後、日本の自動車工業が背負った宿命、すなわち『多種少量生産』という市場の制約の中から生まれてきたものです。欧米ですでに確立していた自動車工業の大量生産に対抗し、生き残るため、永年にわたって試行錯誤を繰り返した末に、なんとか目途のついた生産方式ならびに生産管理方式です。その目的は、企業の中からあらゆる種類のムダを徹底的に排除することによって生産効率を上げようというもので、豊田佐吉翁から豊田喜一郎氏を経て現在に至るトヨタの歴史の所産でもあります」

石油危機
オイルショック。中東産油国の原油生産削減と価格の引き上げが、石油をおもなエネルギー資源とする先進工業諸国に与えた深刻な経済的混乱。第一次は昭和48（一九七三）年、第二次は昭和54（一九七九）年。

リーン生産システム
トヨタの生産方式を研究したアメリカのマサチューセッツ工科大学の研究者によって、一九八〇年代に提唱された。

喜一郎の創意と大野耐一の工夫

トヨタ生産方式の開発と普及に尽力したトヨタの生産技術者である大野耐一は、また、つぎのように語っています。

「戦後の昭和二十五、六年、私どもは自動車の量が現在のように多くなるとは想像もしていなかった。それよりずっと以前に、アメリカでは、自動車の種類が少なくて量産によって原価を安くする方法が開発され、それがアメリカの風土のなかにしみ込んでいた

昭和34（1959）年、第１号車をラインオフした愛知県豊田市の元町工場。石田退三社長の「10年たっても見劣りしない工場を」という号令のもとで、乗用車の専用工場として建設された。

が、日本ではそうではなかった。私どもの課題は、多品種少量生産でどうしたら原価が安くなる方法を開発できるか、であった」

ただし、戦後のトヨタは、生産性向上を目標に努力を続けましたが、昭和二十五（一九五〇）年には製品在庫を抱えて経営不振に陥ります。大野には、この経験がトヨタ生産方式の発想の基本となりました。

「ただ生産性を上げればよいのではなく『売れるものを売れるときに売れるだけ』という限量生産を大前提にしたうえでの生産性向上、コストダウンこそが重要との教訓を得た。つまり、アメリカ式の大量生産をまねていてはダメだという考え方である」

大野耐一は、大正元（一九一二）年に大連で生まれ、昭和七（一九三二）年に名古屋高等工業学校機械科を卒業して豊田紡織に入社し、昭和十八（一九四三）年にはトヨタ自動車工業に移籍しています。そして、昭和二十四（一九四九）年に機械工場長に就任して、その後、二十九（一九五四）年に取締役、三十九（一九六四）年に常務取締役、四十五（一九七〇）年に専務取締役、五十（一九七五）年に副社長に就任し、この間、元町工場や上郷工場の責任者を務めた、成長期のトヨタの現場を知り抜いた技術者であり経営者です。豊田紡織とトヨタ自動車工業という畑の違う二つの企業を経験した大野は、両社で学んだ現場の知恵を、戦後、トヨタの生産現場に目にみえるかたちで導入して、それらを会社を取り巻く環境に順次対応させながら高度化させていくことに成功した立役者でした。

トヨタ生産方式の二本柱は、戦前の豊田系企業で考案された「自働化」と「ジャスト・イン・タイム」（ＪＩＴ）です。戦前、豊田紡織では、織機に不都合が生じると運転を自動的に停止する装置を装備して、一人あたりの受け持ち台数を増やす工夫が採られていました。その結果、作業員の機械監視の時間は削減され、生産性は向上しました。大野は、これに共通する工夫を戦後の自動車の機械工場に適用したのです。

また、ＪＩＴの発想も、すでに戦前における同社の自動車製造事業で試みられています。当時は、先端技術を積極的に採用して製造を試みるため、コストばかりがかさんでいました。そこで「ジャスト・イン・タイム」と書いて壁に張り出した豊田喜一郎は、部品に品質のムラが生じて過不足が目立ち、余計なコストがかかるという問題に「余分

トヨタ自動車工業の常務取締役や豊田中央研究所の所長を歴任した梅原半二は、晩年、豊田喜一郎について「話しぶりは非常にやさしく、おっとりとしていて明るかった」と述べている。

なものを間に合わせても仕方がないんだ」と主張します。そして、工場では材料の置場まで規定して、たとえば、エンジンブロックなど一日で加工する分だけを朝に受け取らせ、夕方には使い切って余分なものは置かせない、といった改革を実行しました。このため、喜一郎は「しょっちゅう工場をまわっては、余分なものをその場で放り出させた」といわれています。

喜一郎が、自動車の生産システムを考える際に参考にしたのは、フォードのシステムです。フォードの初期のハイランドパーク工場*では、全員参加で現場を改善し、工程間の作業のばらつきをなくす取り組みがおこなわれました。そして、工程在庫を最小限にして、流れ作業を規則性ある連続的システムに仕上げていくための努力が、積み重ねられていきました。喜一郎は、ヘンリー・フォードの文献やその後のリヴァールージュ工場の視察を通じて、JITのヒントを得たのです。

ハイランドパーク工場
フォード社がT型フォードの需要の急増に対応するため、一九一三年、ミシガン州に設立した自動車工場。世界で初めてベルトコンベアーによる組み立てラインを導入、部品の簡素化・内製化、工員の分業化を実現して、飛躍的に生産力を向上させた。

JITと自働化を統合した生産システム

トヨタ生産方式は、生産の平準化を基礎として、JITと自働化を柱に工程を流れ化させて、小ロット生産をおこなうことを内容としています。これにより、需要変動に迅速に対応できる生産の柔軟性を可能にしたのです。

「かんばん」は、製造した部品を入れる箱に掛けて使用される。後工程が部品を必要とするときに箱を引き取り、「かんばん」をはずして、部品を製造するセクションに製造指示としてもどす。

まず、効率的な小ロット生産の実現には、工作機械に装着する金型の段取り替え時間の短縮が求められました。また、JITによってラインに供給される部品の過不足をなくすとともに、中間在庫を排除すること、自働化によって機械に不具合が生じたとき、自動的に運転を停止する装置を取り付けて、作業員が機械を始終監視するムダを省き、複数の機械操作をおこなえるようにすることで、生産性の向上をめざしました。さらに、後工程が必要なものを必要なときに必要な量だけ前工程から引き取り、前工程は後工程に引き取られた量だけ生産する、というシステムを考案しました。

そして、この後工程の引き取りを実現するための道具として「か*んばん」が導入されました。かんばんは、工程間の部品、生産情報の受け渡しに効果を発揮しました。こうして、需要変動に迅速かつフレキシブルに対応しながら、ムダを排除してコスト・アップを避けるしくみが生まれたのです。

JITによって、品質管理思想は全社的に浸透しました。また、自働化は、作業員の工程への積極的な参加意欲を高めました。さらに大野は、昭和四十四（一九六九）年に生産管理部生産調査室を発

トヨタ生産方式による生産現場では、つねに「目視による管理」が重視される。そして、その道具の一つとして、設備の稼働状況や作業指示が一目でわかる電光表示板の「アンドン」が導入されている。

足させ、愛弟子の生産管理の専門家を集めてアイシン*精機をはじめとした部品メーカーに送り込み、トヨタ生産方式の普及に努めました。部品メーカーを前工程、トヨタの工場を後工程と考えたうえでの、両者一体の生産システムづくりがおこなわれたのです。

「物づくりは人づくり」という伝統

戦後、アメリカよりも絶対的に規模が小さく、多様なニーズをもつ市場に対応すべく着想された方式は、その後の市場規模の拡大のなかでも、多数企業の競争状況を充分意識することで、部品供給会社も含めたグループ一体の方式に昇華していきました。これは、フォード社が、当初の目標であったジャスト・イン・タイム生産を、モデルT型の爆発的売れ行きのまえに忘れ去り、大量生産と作りだめに傾いていったことを思えば、きわめて対照的といえます。

平成11（1999）年、奥田碩のあとを受けてトヨタ自動車の第９代社長に就任した張富士夫。

大野は、昭和二十五（一九五〇）年の経営危機をもたらす原因となった量産、作りだめの愚を決して忘れることはありませんでした。これを教訓として、現場の職人気質に起因した反発や労働強化に対する警戒などにあいながらも、着々と生産管理の改革を進めたのです。なお、大野の改革を信頼して見守り続けた直属の上司、豊田英二の庇護は特筆すべきです。

英二は、大野の仕事に対する信念を信頼して、彼の現場改革について質すことはなかったといわれています。第一次石油危機後、トヨタ生産方式が下請けに在庫を押しつけるものだという批判が高まり、衆議院で問題にされたおり、大野に代わり矢面に立って誤解を解いたのは、当時の社長であった豊田英二でした。喜一郎の創業精神を継承して、創業時の苦楽を喜一郎とともに味わった第一世代、現場を大切にする豊田英二の存在は、きわめて大きな役割を果たしていたのです。

メーカーの利益の源泉は「工場にある」という信念にしたがって、大野は、工場生産性の向上に尽力しました。機械設備の生産性にではなく、工場作業員一人あたりの生産性をいかに上げるかという点に、大野の視線は注がれていました。最新の機械設備に依

かんばん
ロット生産仕掛けかんばん。一台の機械で多種類の部品を生産する鍛造やプレスにおいて、製造すべきロットやサイズ、生産時期などを知らせるために用いられる道具。

存しすぎると、工場現場の技術力は低下して競争力が低下する、という考えのもとで、品質管理と生産性に厳しい視点で取り組む作業員の育成に、大きな比重をおいたのです。大野の愛弟子である張富士夫のつぎの言葉は、大野の「物づくりは人づくり」という哲学が、今もなおトヨタに継承されていることを感じさせます。

「人間が動物と違うのは、人間が考えることができる頭脳をもっていることです。大野先生が私どもに教えてくれたのは、人間の知能を尊重し、創造性を高め、よい製品を作る、そしてさらに、人間の思考力、発想を伸ばしていくことです。トヨタ生産方式に象徴されるトヨタの伝統は、全社員が一緒に考え、知能を結集して、企業とその製品の改善をめざすことなのです」

アイシン精機
昭和18（一九四三）年、トヨタ自動車工業と川崎航空機の共同出資によって、東海飛行機として設立。のちに、生産をミシンや自動車部品に転換、愛知工業として発足。昭和40（一九六五）年、新川工業と合併して、現在のアイシン精機に改称している。

第四章　トヨタが継承する企業家精神

一、新時代を切り開いた豊田英二の経営

世界に台頭する日本自動車産業

日本自動車産業の世界へのデビューの契機となったのは、石油危機でした。一九七〇年代に勃発した二度の石油危機を契機に、日本自動車産業の輸出依存度は増大し、昭和五十二（一九七七）年以降、生産台数に占める輸出の割合は、五〇％を超える状況が恒常化しました。輸出先も、従来の東南アジアから北アメリカやヨーロッパが中心となり、昭和五十五（一九八〇）年には、両地域向け輸出額は全体の三分の二を占めるまでになりました。そして、七〇年代の北アメリカ・ヨーロッパ向け輸出の八〇％が、乗用車で占められていました。

なかでも、第二次石油危機以後の小型車中心の需要構造への変化に、迅速にメーカーが対応できなかったアメリカでは、経済性の高い日本製小型車の輸入はドラスティック

ビッグ・スリー
アメリカの自動車メーカーにおいては、ゼネラルモーターズ社、フォード社、クライスラー社のことをいう。

オースチン A50 ケンブリッジサルーン（1959年）。昭和27（1952）年、オースチンと提携した日産自動車は、昭和28年のA40型サマーセットに続いて、昭和30年からA50型の生産を開始した。

に増大します。結果として、アメリカの自動車メーカーは急激に業績を悪化させ、*ビッグ・スリーの一角を占めるクライスラーが、経営危機に陥ったのです。また、昭和五十五年のアメリカでは、自動車産業労働者の四〇%弱にも当たる二五万人の失業者が生まれました。その後、日本車の対米輸出問題は、政治問題にまで発展したのです。

石油危機の影響で自動車需要は冷え込み、世界の自動車生産台数は、昭和四十五（一九七〇）年の二九四〇万台から五十五（一九八〇）年の三八五一万台へと、わずかな伸びにとどまりました。しかし、日本車の国際的人気に支えられて、日本自動車産業の生産台数は、昭和四十五年の五二九万台から五十五年の一一〇四万台へと増大しました。七〇年代に国内販売の伸びが止まり、市場の成熟化を迎えつつあった日本の自動車産業は、昭和四十五年の一〇〇万台から五十五年の五九六万台へと輸出を伸ばして、国内市場の伸び悩

日野ルノー PA53型（1953年）。昭和27（1952）年、フランスのルノーと提携した日野ヂーゼル工業（現在の日野自動車）が、翌年に発売した最初の乗用車。このPA系は、昭和34年に完全国産化した。

みを補うことに成功したのです。

このような日本自動車産業の国際競争力の強さを、石油危機による一時的な現象とみる見解が当初は支配的でしたが、石油危機後にアメリカ自動車産業が期待した、かつての大型車中心の需要構造はもどることがありませんでした。その後の日本自動車産業の国際競争力の源泉を探る多くの研究によれば、製造コスト、労働生産性のいずれにおいても欧米の企業より優れており、とくにアメリカ車よりも、日本車の価格・性能・品質のトータル・パフォーマンスに対して、アメリカ人からも高い評価を得ていることが判明しました。そして、その成功をもたらしたものこそ、トヨタ生産方式だったのです。

政府の保護育成政策と国民車構想

戦後日本の急激な経済発展を説明する場合、政府＝

通産省（現・経済産業省）による重要産業の管理を過大評価する「日本株式会社」*論が、世界的に注目を浴びたことがあります。経済発展のキー・ファクターとして、政府の強力な保護と育成の諸政策を重視するという考え方です。日本の自動車産業も政府の保護育成政策の結果として成長を遂げた、という誤解をもつ海外の論調もかつては多く見受けられました。

しかし、当然ながら、現実に経済活動を遂行するのは企業であり、政府の産業政策の役割を過大に強調するのは誤りです。企業の側から、その時々の産業政策が事業活動に有利と判断された場合に限って、産業政策は有効に機能したと考えられます。それでは、政府の保護育成路線のなかで、どのようにして競争的な産業構造が形成されたのでしょうか。

終戦後、自動車産業不要論が産業界でも違和感なく受け入れられていた状況のもとで、当時の通産省は、外貨の節約と経済波及効果を考慮して、自動車産業を育成していく方針を採ります。講和条約*の発効する昭和二十七（一九五二）年四月以降、外国メーカーの資本と製品の対日輸出に厳しい制限を加え、他方、国内メーカーには、外国技術の導入を有利にするための低利融資や特別償却などの措置を講じました。特定のメーカーにではなく、幅広く機会均等的に育成の手を差し伸べたのです。

日本政府は、昭和三十一（一九五六）年に機械工業振興臨時措置法*を制定して、自動

「日本株式会社」論
アメリカの経済学者、経営学者、実業家でもあったジェイムズ・アベグレンが、一九七〇年代に初めて提唱したとされる。

講和条約
サンフランシスコ講和条約。この条約の締結によって、連合国から正式に戦争状態の終了と、日本国民による日本の主権が承認された。

機械工業振興臨時措置法
新産業を育成して、重化学工業化と輸出拡大を図るためにおこなった政府の施策の一つで、昭和31（一九五六）年6月に制定された。自動車部品工業は、他の17業種とともに育成すべき特定機械工業として、この法律の適用対象に選ばれている。

いすゞ ヒルマンミンクス PH10型（1953年）。昭和28（1953）年、イギリスのルーツと提携したいすゞ自動車が初めて発売した乗用車。昭和32年、後継モデルのPH100型で完全国産化を果たした。

車部品工業の育成と近代化を推進しました。これは、総合機械工業としての自動車産業のインフラ整備を目的とした措置です。政府の保護育成措置に沿うかたちで、日産*・オースチン*、日野*・ルノー*、いすゞ*・ルーツなどの外資提携が実施されて、日本の自動車産業は、外国企業から乗用車技術を学習することができました。

通産省は、国内の自動車産業の保護育成策を推進する一方、一貫して規模の経済性を実現するための業界再編策を指向しました。昭和三十（一九五五）年の国*民車構想は、その最初の具体的意思の表明といえます。もっとも、排気量三五〇～五〇〇CCで四人乗り、最高時速一〇〇キロ以上の乗用車を価格二五万円程度で生産できるメーカーに助成を集中して、スケール・メリットを実現するという構想は、機会均等、自由競争のルールに反するという業界の反対にあって実現されませんでした。

しかし、国民車という考え方は、高度経済成長期の乗用車をめぐる環境変化、換言すれば、所得水準の向上と電化によるライフスタイルの変化にともなう、自家用乗用車時代の到来を予見したものでした。したがって、メーカー各社は、政府の予見した方向での車種開発に、邁進していくことになったのです。

自由化で進展する自動車メーカーの提携

一九六〇年代に入ると、貿易・資本の自由化を控えて、通産省は、自動車産業の体質強化に乗り出していきました。六〇年代の早々には、通産省による三グループ構想が発表されます。これは、自動車業界を乗用車量産グループをはじめ三つのグループに集約化して、規模の経済を追求するというものでした。しかし、この構想も業界の反発を招いて実現していません。ただし、構想の実施をまえに、普通乗用車生産に乗り出して実績作りを狙う*本田や東洋工業（現・マツダ）のように、普通乗用車分野への駆け込み参入が促進される、という皮肉な結果をもたらしました。

さらに、一九七〇年代の資本自由化をまえにして、通産省が慫慂した産業の体質強化策である企業の合同についても、日産と*プリンスの合併というケースのみに終わりました。もっとも、昭和四十（一九六五）年の輸入自由化とともに、戦後一貫して採られて

オースチン
一九〇五年、ハーバート・オースチンによって設立。一九三〇年代にはイギリス最大の自動車メーカーに成長したが、のちに買収された。

日野
日野自動車工業。明治43（一九一〇）年に設立された東京瓦斯工業などを源流とするヂーゼル自動車工業から、昭和17（一九四二）年に日野重工業として独立。昭和34（一九五九）年に、現在の社名に改称した。

ルノー
一八九八年、ルイ・ルノーによって設立されたフランスの自動車メーカー。日産自動車、韓国のルノー・サムスン自動車などを傘下としている。

きた政府による外資からの保護政策が、近い将来撤廃されるという事実が業界に与えた影響は、大きいものがありました。こうして、単純に合同することで体質強化につながるという考えにはくみさず、個々の企業の特質を生かしながら相互の弱点を補完しあうという、いわゆる相互補完型提携によって、産業の体質強化が進んだのです。

当時の自動車産業界において、企業合同に関して進展がみられなかったという事実には、つぎのような背景がありました。まず、戦前からの四輪メーカーである日産、トヨタ、いすゞ、乗用車に参入するまえは航空機メーカーであった富士重工業*、二輪メーカーである鈴木*や本田など、それぞれの出自はまちまちで、得意とする技術の内容も異なっていました。また、終身雇用のもとで各社独自の企業風土を有しており、何よりもコストと品質に優れた部品を供給する多くの部品メーカーの存在によって、合併によるスケール・メリットを追求しなくとも、比較的小規模の自動車メーカーであっても存立できる条件が存在しました。

こうした背景のなかで、各自動車メーカーは、主体的・自律的に提携を実現していきました。その結果、大型トラックやバスから軽乗用車まで製品をカバーする、トヨタ、日野、ダイハツによるトヨタ・グループと、日産、日産ディーゼル*、富士重工業の二大グループを中心に、産業内競争が展開されていくことになります。

結局、乗用車メーカー九社、トラック・バスメーカー二社の一一社体制は温存されま

いすゞ
いすゞ自動車。東京瓦斯工業などを源流とするヂーゼル自動車工業が、昭和24（一九四九）年に改称して現在の社名となった。乗用車においても、ベレットなど一九八〇年代まで数々の名車を生産した。

ルーツ
一九一九年、ウィリアム・ルーツによって設立されたイギリスの自動車販売会社。一九二〇年代以降、ヒルマンなど数々の自動車メーカーを吸収、一九五〇年代には最盛期を迎えたが、のちに買収された。

国民車構想
国民車育成要綱案は、広く国民に乗用車を購入できる機会を提供すると同

した。海外のおもな自動車生産国とは異なり、国内市場規模を考慮すれば、あまりにも多くの企業の併存する状況が定着したのです。そして、これら各社は、貿易・資本の自由化後の欧米メーカーとの競争に備えて、設備投資と技術開発に全力をあげました。

一九六〇年代には、モータリゼーションの進行による需要増大とニーズの多様化、さらには商品ライフ・サイクルの短期化が、競争的な産業構造とあいまって進展しました。多品種少量生産を効率的に実施することが、さらに求められる時代でした。トヨタ生産方式は、その六〇年代の初めに全社的に採用され、六〇年代の後半には系列部品メーカーに拡大されていきます。激しい企業間競争を背景に、他社もトヨタ生産方式のメリットに着目し、早期に模倣して自社に適応するかたちに改良を加えていきました。

こうしてトヨタ生産方式は、七〇年代に自動車産業をはじめとして、多くの業界に普及することになったのです。

モータリゼーションをリードした先見性

戦後、トヨタの流通販売システムの構築に大きな役割を担った神谷正太郎、繊維と自動車という異なる産業の現場における経験を融合させて、生産システムの革新に邁進した大野耐一、そのいずれもが、創業者・豊田喜一郎の国産車づくりにかけた情熱を共有

時に、国産乗用車工業を育成しようとする通商産業省の意図のもとで作成された。

本田
本田技研工業。故郷の浜松にアート商会（現在の東海精機）を設立した本田宗一郎は、その譲渡を資金に、昭和21（一九四六）年に本田技術研究所を設立。昭和23年に同社を解散して、本田技研工業を創業した。

プリンス
中島飛行機製作所と石川島飛行機製作所を源流とするプリンス自動車工業は、昭和27（一九五二）年に設立され、スカイラインをはじめ数々の名車を製造したが、昭和41年、日産自動車に吸収合併された。

父親の平吉は、経営する豊田押切紡織の後継者に、豊田英二（写真）を考えていた。

していました。さらに、喜一郎の従兄弟・豊田英二は、大学卒業後の昭和十一（一九三六）年、二二歳で豊田自動織機製作所に入社して、喜一郎とともに工場現場で苦楽をともにしました。設立されたばかりのトヨタ自動車工業での経験は、英二を現場を重視する経営者に育て上げていくことになります。

そこで、一九六〇年代のモータリゼーションをリードしたトヨタの経営判断を実質的に担った、豊田英二に焦点をあてながら述べていきます。

トヨタ自動車工業の戦後の躍進に大きな役割を果たしたのは、昭和三十四（一九五九）年に操業を開始した元町工場です。同工場の建設に踏み切った石田退三社長の判断の根拠には、豊田英二の先見性があったといわれています。トヨタの乗用車販売台数が月二〇〇〇台ペースであったこの当時、月産一万台を想定して、まず五〇〇〇台規模の乗用車専門工場の建設を構想したのが、英二でした。この強気の判断の背景には、当時の国内市場の変化がありました。ハイヤーやタクシーなどの営業車、法人の自家用車などの需要が拡大して、供給不足が指摘され始めているという事情があったのです。

富士重工業
中島知久平により大正6（一九一七）年に設立された飛行機研究所が、昭和6（一九三一）年に中島飛行機に改組。さらに昭和20年に富士産業に改称して、昭和28年に同社として発足した。自動車製造は、スバルのブランドで展開されている。

元町工場は、ボディー、塗装、組立の三つの工場からなり、昭和三十四（一九五九）年八月に完成しました。そして、操業開始から半年、月販一万台を達成して、トヨタが業界内で抜きん出た存在となりました。日産の追浜工場やいすゞの藤沢工場は、トヨタに遅れること三年、昭和三十七（一九六二）年に完成しています。トヨタは、その先見性にもとづいたスタート・ダッシュが奏功して、その後もあいついで工場の建設をおこないました。

国内メーカーとの提携を選択したトヨタ

一九六〇年代から進んだ貿易と資本の自由化に備えて、企業は国際競争力の強化に取り組んでいきました。自動車メーカーも、欧米のメーカーと提携して競争力の強化を模索していきました。しかし、トヨタの場合には、国内メーカーである日野、ダイハツとの提携を選択しています。昭和四十一（一九六六）年の日野、翌年のダイハツ、それぞれとの提携話は、いずれも先方から持ち込まれたものでした。

日野は、大型トラック・バス中心から乗用車を含む総合自動車メーカーへ脱皮するために、フランス・ルノーのライセンス生産を経て、小型乗用車の生産に乗り出していきましたが、乗用車事業が軌道に乗ることはありませんでした。その要因として、大型ト

鈴木
明治42（一九〇九）年、鈴木道雄が鈴木式織機製作所を創業。昭和27（一九五二）年より自社製のエンジンを取り付けた自転車を発売。昭和29年に鈴木自動車工業に改称して、翌年、日本初の本格軽四輪乗用車「スズライト」を発表した。平成2（一九九〇）年、現在のスズキ株式会社に改称。

日産ディーゼル
昭和10（一九三五）年、日本デイゼル工業として創立した大型車を製造する自動車メーカー。日産自動車による資本参加を経て、昭和35年に現在の日産ディーゼル工業に改称。平成19（二〇〇七）年より、スウェーデンのボルボ社の資本参加により、その傘下となる。

ラックと小型乗用車の根本的な製造技術の相違、戦前・戦後を通じて大衆を相手としたマーケティングの経験がない、という生産と販売両面にわたる問題点が指摘されます。そこで、大型部門への吸収は無理と判断された小型乗用車部門での設備と人員を温存して、同部門からの無血撤退が模索されました。

他方、トヨタは、一トン・ボンネット・トラック市場において、日産のダットサン・トラックの牙城を突き崩すために、日野ブリスカを自社の製品ラインに組み込むことを企図しました。また、進行するモータリゼーションのなかで、トヨタの乗用車生産能力は不足気味であり、日野の羽村製作所は、委託生産拠点として喉から手が出るほどの存在でした。なお、委託生産の実現は、日野の無血撤退を可能にする意味もあわせ持っていました。

トヨタとダイハツの提携は、相互の利益を確保すると同時に、国際競争力を強化するという目的を持っていました。トヨタは、軽自動車市場の急成長に対応していくための近道として、自社が生産していない軽自動車を得意とするダイハツとの提携に大きなメリットを見出しました。

他方、ダイハツは、乗用車メーカーとして発展していくうえで、将来に大きな不安を感じていました。そして、その不安は何よりも、量産・量販体制における先発メーカーとの大きな較差によって生まれており、資本自由化までに自力で解決できる問題ではあ

トヨペット クラウン RS型（1955年）。海外との技術提携が進行するなかで、トヨタ自動車工業が国産自立を貫いて発表した歴史的モデル。豊田喜一郎の遺志「日本の実状に適応した」純国産車である。

トヨペット コロナ ST10型（1957年）。タクシー業界の要請などもあり、小型車の開発を迫られていたトヨタ自動車工業が、計画が進められていたパブリカに先行して発売した初代コロナである。

トヨタ カローラ KE10型（1966年）。日本に本当のモータリゼーションをもたらした大衆車。性能、経済性、快適性など、あらゆる面から市場のニーズに応えたベストセラーカーといえる。

りませんでした。以上のような背景から、トヨタとダイハツ両社の提携にいたる思惑は一致したのです。

トヨタと、日野、ダイハツにおけるそれぞれの提携は、グループとして大型トラックから軽乗用車までのすべての車種を揃える体制を整え、各社が自社の得意分野に特化して、相互に不足した経営資源を補完しあう関係をつくりだすことにつながりました。これらの提携に大きく関わったのが、豊田英二です。日野との提携時には取締役副社長として、ダイハツとの提携時には取締役社長として、英二は提携に決断を下しました。資本の自由化時代を控えて進行する業界再編の渦のなかで、英二は、翻弄されることなく自律的に冷徹な判断を一貫させせました。

大衆車「カローラ」専用工場の新設

昭和三十（一九五五）年に公表された国民車構想に

ダットサン サニー B10型（1966年）。ともにマイカー時代の到来に貢献したカローラに先行して発売され、のちに人気を二分した日産自動車の初代サニー。公募による命名など、当初から量販が計画された。

触発された各自動車メーカーは、構想に沿ったかたちで自動車開発に突き進んでいきました。日産自動車が国民車構想にさしたる関心を示さなかったのに対して、トヨタは前向きに対応しました。豊田英二専務は、小型の乗用車開発に積極的でした。しかし、国民車構想が想定する車格、原価、車両価格のバランスに疑問を感じて、わずかながら想定よりも上級クラスの自動車の開発をめざすことにしました。そして、英二自身も技術者として、新車開発の現場に具体的な指示を与えています。

紆余曲折を経ながらも、昭和三十六（一九六一）年、パブリカが誕生しました。パブリカという車名には、大衆車を意味するパブリック・カーという言葉を縮めたものが採用されます。販売店も新たにパブリカ店を設置して、従来の一都府県一販売店ではなく、複数の販売店を設ける力の入れようでした。しかし、経済性を追求した大衆車として、あまりにも実用性を重

昭和36（1961）年に発売されたパブリカは、４年間に700もの改良を加えたが、多くの競争車の出現でシュアを低下させていった。そして、昭和41年、満を持してトヨタ・カローラが披露された。

視してしまい、全体として貧相な仕上がりになったパブリカの売れ行きは、芳しいものではありませんでした。そこで二年後に装備を充実させ、豪華さをアピールしたデラックス・タイプを投入して、初めて販売が拡大します。この結果、自動車に対して消費者は、大衆車といえども豪華さを感じさせるものを求めている、ということをトヨタは学習しました。

パブリカの経験は、昭和四十一（一九六六）年に発売されたカローラに生かされることになります。乗用車に要求される要素、具体的には、経済性、運動性能、乗り心地、使いやすさ、居住性、安全性、豪華さなど、さまざまな点を考慮してすべての要素を合格点にする、いわゆる八〇点主義を採用して、消費者の幅広い支持を集めることに努力したのです。

当初、カローラのエンジン排気量は一〇〇〇CCでスタートしましたが、開発も終盤に近づいた昭和四十一年二月になって、排気量を一一〇〇CCに拡大する

昭和41（1966）年、現在の愛知県の豊田市、刈谷市、西加茂郡三好町にまたがる丘陵地帯に、カローラ専用の生産工場として、トヨタ自動車工業の高岡工場が建設された。

指示が出されました。それは、日産によって開発中のサニーの排気量が一〇〇〇CCで、車両のサイズもカローラと競合することがわかったからです。豊田英二もこの設計変更について、詳細な技術的指示を開発担当者に与えています。

トヨタは、カローラ専用の高岡工場を新設し、月産二万台の生産体制を構築しました。一社で月産四万台という時代に、一工場で二万台という破格の規模でした。さらに、新型車専用エンジン工場（上郷工場）と組立工場（高岡工場）を新設するという、初めての試みでもありました。そして、こうした業界をリードする設備投資には、必ず英二の決断がありました。

昭和四十一（一九六六）年十一月に発売されたカローラは、大衆車市場でベストセラーカーの地位を得ることに成功しました。パブリカで学んだ大衆乗用車づくりのノウハウは、カローラの成功によって結実したのです。

豊田佐吉の次弟の平吉（写真）は、トヨタ自動車工業の設立に監査役としても参加している。

豊田英二のスキルとリーダーシップ

戦後、いち早くモータリゼーションの波動を察知して、先頭に立って切り開いていくリーダーシップを発揮したのが、豊田英二です。英二の父は、豊田佐吉の次弟・平吉です。すでに述べたように、英二は、昭和十一（一九三六）年に豊田自動織機製作所に入社し、国産車開発に情熱を傾けた従兄弟の喜一郎に大きな影響を受けて、企業人としての生活をスタートさせました。喜一郎の下で、技術改良や外注検査の仕事を果たし、戦後には、企画、製品、技術、経営調査などの部署を経て、全社的なスキルを身につけていきました。

英二は、昭和二十（一九四五）年にトヨタ自動車工業取締役に就任し、その後、二十五（一九五〇）年に常務取締役、二十八（一九五三）年に専務取締役、三十五（一九六〇）年に副社長、四十二（一九六七）年に社長、そして、昭和五十七（一九八二）年にトヨタ自動車工業とトヨタ自動車販売が合併してトヨタ自動車が誕生すると、同社の取締役会長に就任しました。三二歳の若さでトップ・マネジメントの一員になってから、平成六（一九九四）年に取締役を退任するまでのおよそ半世紀の長きにわたって、第一戦で戦後のトヨタをリードしてきた経営者です。

技術者としての教育を受けた英二は、入社後も技術面で大きな役割を演じました。また、戦後のトヨタの危機を救った経営者・石田退三や、すでに述べた神谷正太郎との交流のなかで、経営者としての基礎を学び、その後の長い役員生活を通じて経営者としての卓越した能力を培ってきたのです。

二、二十一世紀に生きる豊田喜一郎の初心

バブル崩壊が促した原点回帰

リーン生産方式によって、強力な国際競争力を誇った日本の自動車産業は、一九九〇年代に入ると、突如として危機的な状況に陥りました。日産、富士重工業、いすゞ、マツダの各社が、平成五（一九九三）年に赤字決算を計上し、トヨタも赤字になる月を記録しています。

危機の要因としては、一九八〇年代後半のバブル景気のなかで、ムリ、ムダ、ムラを排除すべきリーン生産の本質が忘れ去られ、設備投資に膨大な資金をつぎ込んで、生産

昭和57（1982）年3月、トヨタ自工とトヨタ自販の合併契約書の調印がおこなわれた。右から、加藤誠之（自販会長）、豊田章一郎（自販社長）、豊田英二（自工社長）、花井正八（自工会長）。

能力の増強を図った点が指摘されます。バブル景気にもとづいた国内販売台数の拡大と高級車販売の伸びが、メーカーの判断を誤らせる結果となりました。リーン生産方式の「必要なときに、必要なものを、必要なだけ」生産するという考え方は、バブル景気に踊らされ、高級車中心の設備増強にメーカーを走らせることで、忘れられていったのです。そして、設備の拡充の結果、開発・生産コストに著しい上昇をもたらしました。

平成四（一九九二）年のバブル崩壊によって、自動車メーカーの高コスト体質が露呈することになりました。また、急速な円高の進行が、輸出採算を悪化させ、各メーカーは厳しい状況に直面することになります。日本の自動車メーカーが共通しておこなった合理化対策は、バブル時代に膨れ上がった車種・車型の削減、部品点数の削減、そして、部品の共通化と共用化などでした。

一九九〇年代に復活を遂げたアメリカ自動車メーカーとは対照的に、バブル崩壊によって低迷を続ける日本メーカーにとって、グローバル化の進行は、さらなる大きな課題となってのしかかってきました。フォード、GM、VW*、ルノー、PSA*、ダイムラー*などの欧米メーカーは、いち早くグローバル戦略を構築して、その実施に移していきました。たとえば、フォードが採用したITを活用するグローバルな調達が開始され、クライスラーとダイムラーとの経営統合など、国際的な業界再編が幕を開けたのです。

低迷する日本メーカーも国際的な再編の渦に巻き込まれ、外資提携組が七社（日産、マツダ、富士重工業、いすゞ、スズキ、三菱*、日産ディーゼル）も生まれる状況になりました。こうした状況下でも、トヨタグループ（トヨタ、ダイハツ、日野）は、本田とともに外資と組まない姿勢を保っています。

一時は、再編成によって世界的にメーカー数が集約され、年産四〇〇万台以上のメーカーしか生き残れないという説も流布されましたが、今日では、そのような説に説得力がないことは明らかになっています。なぜならば、規模の拡大が、競争力の向上に結びつくという安易な図式は、成り立たないことがわかったからです。規模の拡大を通じて開発・生産コストを引き下げることができたとしても、多様な市場と変化するニーズに柔軟に対応できる部品や素材のメーカーとの協力のしくみがどこまで構築できるか。また、企業文化の異なる企業の融合がどこまで可能か、といった問題が、ダイムラー・ク

VW
フォルクスワーゲン。一九三七年に、ドイツの国策企業として設立、敗戦後、イギリスの管理下で改組、のちに民営化された。ポルシェの設計によるタイプ1（ビートル）の成功により、世界有数の自動車メーカーとなった。現在は、複数のブランドを傘下に有するグループを形成している。

PSA
一八九六年に設立されたプジョー社により、一九一九年に設立されたシトロエン社が吸収合併されて、一九七六年に誕生したフランスの企業グループのこと。PSAは、プジョー株式会社の略称。

昭和26（1951）年末に撮影された豊田喜一郎。社長を辞した喜一郎は、持病の高血圧を悪化させながらも、技術者としてヘリコプターを研究したり、住宅建築に関心を寄せていた。

ライスラーの例からも示唆されるからです。

二十一世紀になって、バブル崩壊の後始末をようやく終えた日本の自動車メーカーは、リストラでコスト削減に成功し、軌道に乗った海外現地生産の利益によって、為替の変動リスクから脱却しました。激しいグローバル競争に身をおいて、トヨタをはじめとする日本メーカーの復活が見られようになりました。何よりも、日本自動車産業の強みであるリーン生産方式の原点に立ち返ることが、復活につながったことを思えば、いかなる環境の変化に見舞われようとも、その原点に今一度立ち返ることの大切さを忘れてはなりません。それは、創業当初から「ジャスト・イン・タイム」を構想した豊田喜一郎の初心に、回帰することを意味しています。

明日に続くモノづくりの精神

日本にとどまらず、世界の自動車産業に大きな影響力をもつトヨタが、中長期的に解決すべき課題として認識しているのは、おもにつぎの諸点です。

①先端技術開発と商品力の向上
②世界トップの品質とコスト競争力の確保
③企業の社会的責任の遂行
④創造性豊かな人材の育成

トヨタは、これらの課題への取り組みを通じて、地球環境に配慮した安全で快適な商品を消費者に提供すること、成長しつつも効率を高め、社会から評価される品格に満ちた会社づくりを実現すること、そして、次世代にモノづくりの技術や技能を伝承していく企業として、さらに、社会との調和のとれた成長を果たすことを目標としています。換言すれば、環境と安全に配慮した品質の高い製品を低コストで消費者に提供して、モノづくりの精神を継承していくことで、社会に貢献する企業を指向しているのです。

すでに述べたように、トヨタにマーケティングの精神を植えつけた神谷正太郎、愚直なまでに「物づくりは人づくり」の哲学を貫いた大野耐一、技術と経営に抜群の能力を発揮した豊田英二など、トヨタの戦後を支えた人々は、前記の課題をすでに先取りする

ダイムラー
一八八三年に創立したベンツ社と一八九〇年に創立したダイムラー社の合併により、一九二六年にダイムラー・ベンツが設立。同社は、一九九八年にアメリカのクライスラー社と合併してダイムラー・クライスラーとなるが、経営方針や技術思想の違いから二〇〇七年に分裂、現在のダイムラーとなった。

三菱
大正6（一九一七）年に三菱A型を完成させた三菱造船が、昭和9（一九三四）年に三菱航空機と合併して三菱重工業を設立。昭和45年、クライスラーとの合弁事業として現在の三菱自動車工業が設立された。戦後における乗用車開発は、昭和34年より開始された。

昭和13（1938）年に撮影された挙母工場のAA型乗用車の生産ライン。豊田喜一郎は、刈谷組立工場で試みたジャスト・イン・タイムを、この挙母工場で本格的に実行に移した。

かたちで時代を切り開いてきました。彼らに続く新たな人材が、今日、トヨタには求められています。

トヨタ自動車と創業家の求心力

トヨタは、昭和十二（一九三七）年の創業から今日に至るまでのおよそ七〇年間に、一一人の社長が就任しています（トヨタ自動車販売を除く）。歴代社長とその在任期間を示した表3によれば、一一人のうち豊田家出身の社長は、豊田利三郎、豊田喜一郎、豊田英二、*豊田章一郎（喜一郎の長男）、*豊田達郎（喜一郎の次男）、*豊田章男（章一郎の長男）の六人を数えます。また、第三代社長の石田退三は、利三郎の従兄弟にあたります。このようにファミリーからあいついでトップ経営者を輩出して、会社の発展を支え続けることの困難さは、多くの企業の例にみるまでもなく、至難の技といえます。

豊田章一郎
大正14（一九二五）年、喜一郎の長男として愛知県に生まれる。名古屋大学工学部卒。昭和56（一九八一）年、トヨタ自動車販売社長に就任して、翌年、トヨタ自動車の初代社長に就任した。

しかし、トヨタの場合には、会社の節目に豊田家出身のトップが、その創業家としての求心力を生かしながら、見事に時代を切り開いていく企業家精神を発揮しています。繊維機械から自動車に事業参入する際に批判の矢面に立った利三郎、創業者として事業の立ち上がりに腐心した喜一郎、モータリゼーションをリードして二度の石油危機を乗り切った英二、トヨタ自動車販売の合併前後に自工と自販の潤滑油の役割を果たした章一郎など、それぞれの功績については、本書ではふれなかった章一郎を除けば、すでに詳述したとおりです。

もちろん、豊田家の一員であるから社長に就任したわけではなく、それぞれが、その能力によって選ばれたわけですから、それぞれの成功はむしろ当然のことかもしれません。豊田英二が社長就任時の記者会見で、記者から「豊田家の人だから選ばれたのか」と質問されて「私としては適任だから選ばれたのだと思う」と答えたのは、その事実をよくあらわしています。

創業家出身であるか否かを問わず、会社の置かれた状況が新しいトップを選択させるということを、トヨタのトップ人事は示唆しています。また、べつの言い方をすれば、時代の

表3　トヨタの歴代社長と在任期間

社　長	在任期間
豊田 利三郎	1937年 8月 ～ 1941年 1月
豊田 喜一郎	1941年 1月 ～ 1950年 6月
石田 退三	1950年 7月 ～ 1961年 8月
中川 不器男	1961年 8月 ～ 1967年10月
豊田 英二	1967年10月 ～ 1982年 7月
豊田 章一郎	1982年 7月 ～ 1992年 9月
豊田 達郎	1992年 9月 ～ 1995年 8月
奥田 碩	1995年 8月 ～ 1999年 6月
張 富士夫	1999年 6月 ～ 2005年 6月
渡辺 捷昭	2005年 6月 ～ 2009年 6月
豊田 章男	2009年 6月 ～

出典：トヨタ自動車『創造限りなく　トヨタ自動車50年史』1987年ほかより作成。

トヨタ自動車工業とトヨタ自動車販売の合併により誕生した、新生トヨタ自動車の初代社長に就任した豊田章一郎と、初代会長に就任した豊田英二。

節目に能力のある創業家出身のトップを据えることが、より求心力を高めるということが理解されているのです。

豊田達郎

昭和4（一九二九）年、喜一郎の次男として愛知県に生まれる。東京大学工学部卒。昭和28年、トヨタ自動車販売に入社。平成4（一九九二）年、トヨタ自動車社長に就任した。

豊田章男

昭和31（一九五六）年、章一郎の長男として愛知県に生まれる。慶應義塾大学法学部卒。昭和59年、トヨタ自動車に入社。平成21（二〇〇九）年、社長に就任した。

石橋正二郎

経営による奉仕を実践した孤高の企業家

いしばし しょうじろう

明治二十二（一八八九）年、現在の福岡県久留米市に生まれる。十七歳で家業の仕立物屋を継ぎ、足袋、地下足袋、ゴム靴などを製造して成功。のちに国産タイヤの製造に進出して、世界のブリヂストンを築き上げた。昭和五十一（一九七六）年、八十七歳で没した。

第一章　足袋の「志まや」と石橋正二郎

一、履物業界に出現した青年実業家の助走

生い立ちと久留米商業学校

石橋正二郎は、明治二十二（一八八九）年二月一日、現在の福岡県久留米市に、石橋徳次郎とまつ夫妻の次男として生まれました。生まれた日が、旧暦の正月二日にあたっていたため、それにちなんで正二郎と命名されました。

正二郎の父の徳次郎は、明治六（一八七三）年、伯父である緒方安平*が営む商家「志まや」に奉公に入っています。志まやは、江戸、大坂、津軽などに土地の産物を売りさばき、それらの地域から仕入れた物資を久留米で商う、という商売をしていました。安平は、石橋重蔵とくら夫妻の娘のりゅうと結婚していました。そして、夫婦の長女であるまつに安平の甥の龍頭徳次郎を婿にして、りゅうの実家・石橋家を継がせたのです。

こうした親類たちのなかでも、とくに正二郎に大きな影響を与えた人物は、祖父の安

緒方安平
安平は、伯父の営んでいた小間物屋「志まや」に丁稚奉公したが、伯父が家産を傾け、若くしてその店を引き継いだ。商才に富み、有馬藩にも功労があったところから、名字帯刀も許された。廃藩置県では、有馬家の城址や周辺一帯の土地の払い下げを受け、所有していたこともあった。

大看板を掲げた志まやたび本店。志まやは、石橋兄弟が父から引き継いだ当時は、まだ、徒弟８、９人ほどを抱える小さな仕立物屋にすぎなかった。

平と志まやの本家を引き継いだ叔父の銕太郎でした。正二郎は、祖父の安平の積極的な仕事ぶりから、進取の気性を学びました。銕太郎は、水産学を学び、缶詰工場の経営に携わって失敗しましたが、正二郎はこの叔父について「漢籍を愛読し、謹厳で、行いの正しい人であった」と述べています。また、正二郎の「世のため人のために」という考え方は、この理想家の叔父の教えでもありました。

明治二十五（一八九二）年、徳次郎は志まやの暖簾を分けてもらい、仕立物屋を開業しました。徳次郎は、商売人としては融通がきかず、経営姿勢も消極的なものでした。そういう夫を、勝気で積極的な性格の妻のまつが支えたのです。夫妻は、三男三女に恵まれました。

のちに家業を継承する長男・重太郎と、三歳年下の次男・正二郎の気質は、正反対のものでした。兄は勉強嫌いでスポーツマン、弟は虚弱体質で運動嫌い、内向的だが学業優秀、という兄弟でした。

正二郎は、明治二十八（一八九五）年、荘島小学校に入学、その後、久留米高等小学校を経て、明治三十

正二郎の出生地である久留米市日吉町。久留米市の中心部に位置しており、現在では大きな交差点の角地にあたる。大正14（1925）年に第一銀行久留米支店が建てられ、現在はみずほ銀行となっている。

五（一九〇二）年、久留米商業学校に進学しました。さまざまな年齢の級友のなかでも、正二郎の真面目さは評価され、級長を続けています。

正二郎は、成績優秀なうえに、大勢に盲従しない芯の強さを持っていました。不良学生が扇動して起こしたストライキにも参加せず、その非を認める正義感を持っていたのです。また、久留米商業では、経験、勘、コツなどを長期にわたって身につけていく従来の丁稚奉公とは異なる新しい実業人教育を受けて、商業道徳にまで目配りする先見性を培っていくことになります。

石井光次郎と坂本繁二郎

正二郎の学校時代には、その後の彼の生き方に大きな影響を与えた二つの出会いがありました。一つは、久留米高等小学校時代の*石井光次郎との出会いです。

正二郎が学んだ当時の久留米商業学校。明治29（1896）年、福岡県で最初の公立商業学校として開校。昭和23（1948）年、現在の久留米市立久留米商業高等学校となった。

小学校時代に「正ちゃん」「光ちゃん」と呼び合う仲になりました。久留米商業学校に進学した二人は、さらに親交を深め、お互いに神戸高等商業学校（現在の神戸大学）への進学を希望しました。しかし、正二郎は進学の道を断念して家業を継ぐことになり、石井は希望どおり進学して、のちに政治家として活躍します。その後、石井の長男・公一郎と正二郎の四女・多摩子が縁組することになります。

もう一つは、やはり久留米高等小学校時代の坂本繁[*]二郎との出会いです。坂本は、正二郎の図画の教師でした。七歳違いの教師と生徒は、その後も交友を続けました。そして、坂本の薦めもあって、正二郎は、近代日本美術史に名を残す、夭逝した画家・青木繁の作品をコレクションしていくことになります。正二郎が絵画を好きであったことはもちろんのこと、坂本の亡き友・青木への友情に打たれた結果でした。のちに世界的評価を受ける石橋コレクションは、こうして生ま

17歳ごろの制服姿の正二郎。当時、商業学校は全国的に数が少なく、狭き門となっていた。

れたのです。

進学を断念した十七歳の第一歩

家業は兄に任せて、自らは神戸高商へ進学するという希望を父の徳次郎に告げると、その父の応えは、正二郎の予想に反したものでした。心臓病を患っていた徳次郎は、心細さもあってか、重太郎と正二郎の兄弟に家業を任せるとの意思を示し、進学の断念を迫りました。さらに、進学の思いを断ち切れなかった正二郎は、久留米商業学校の太田徳次郎校長に父親の説得を依頼しましたが、父が翻意することはありませんでした。こうして正二郎は、進学をあきらめたのです。

明治三十九（一九〇六）年、久留米商業学校を卒業した正二郎は、兄の重太郎とともに家業の志まやを継ぎ、実業界への第一歩を印しました。まだ、十七歳でした。しかし、進学の思いを早々に断ち切った正二郎は、すでに事業の発展に目を向けています。また、長男の重太郎も、明治三十六年に久留米商業学校を卒業して家業につき、職人たちに付いて技術を学んでいました。

石井光次郎
明治22（一八八九）年、現在の福岡県久留米市に生まれる。警視庁、台湾総督府などを経て、朝日新聞社に入社。昭和21（一九四六）年、鳩山一郎が総裁であった日本自由党から衆議院議員に当選。のちに通産大臣、法務大臣、衆議院議長などを歴任した。妻は、久原財閥を築いた久原房之助の長女。昭和56（一九八一）年に没した。

父の徳次郎は、兄弟の性格を配慮して、重太郎には企業の外部との関係を、正二郎には企業内部の問題を、それぞれ担当させることにしました。そして、徳次郎自身は、経営の実権を二人の息子に任せて引退しました。ただし、兄の重太郎がこの年に陸軍に入営してしまい、正二郎一人に経営が任されることになったのです。

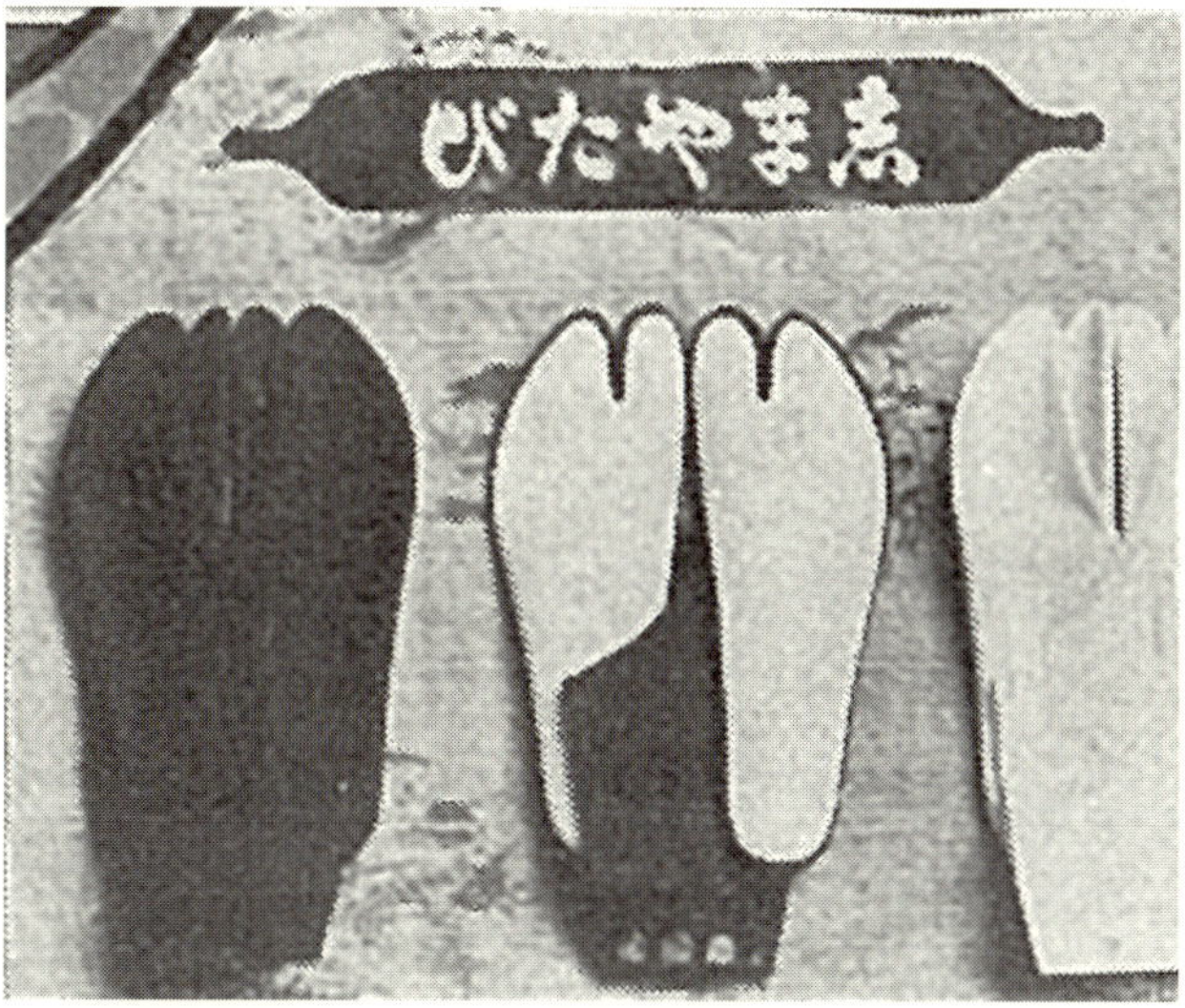

志まや製の足袋。志まやは、足袋専業となって徐々に生産量を増やし、本店の隣接地に165平方メートルほどの工場を建設、30人の新しい職工を採用した。

家業の実態をあらためて観察した正二郎の分析結果は、シャツ、ズボン下、脚絆、足袋など、さまざまな種類の製品をつくる仕立物屋が、時代遅れで能率が悪い商売である、ということでした。彼は、田舎の小さな仕立物屋にとって、多種類の製品を取り扱うことは非能率的であり、家業の発展は望めないと考えたのです。そして、早い段階で単一製品の生産に専業化することで、生産技術の向上と能率の増進を図りたいという思いから、家業を足袋専業に転換します。足袋は、消耗品で回転が速いうえに見込生産も可能で、事業の発展をめざす正二郎には最適の商品に映ったのです。

当時、正二郎の経営のお手本となったのは、同じ久留

明治30（1897）年ごろのつちやたび本店。当時の従業員たちは、写真の箱車を引いて各地を行商した。明治41年に新設された白山工場では、漂白、染色、織布がおこなわれ、動力に蒸気機関が用いられた。

米で急成長を遂げつつあった「つちやたび*」と、その経営者・倉田雲平でした。

新機軸がもたらした成功と苦闘の日々

正二郎は、明治四十一（一九〇八）年に新工場の建設に踏み切り、ミシンや裁断機などを据え付け、生産工程の機械化を進めました。また、修行という名目で長時間の無給労働を強いられていた徒弟に対して、勤務時間を定め、給料の支払いを始めました。従業員のモラール（士気）に配慮して生産性を向上させるとともに、徒弟の定着率を高めて、熟練工の温存に道を開いたのです。給料の支給とともに、足袋専業という判断に対して、正二郎は、隠棲していた父から叱責を受けました。しかし、父と正面から対立することを避けた正二郎は、その成果をあげながら説得する、という方法を選んでいます。

坂本繁二郎
明治15（一八八二）年、現在の久留米市に生まれる。すでに洋画を学んでいた高等小学校時代の同級生に、青木繁がいた。明治40年、第一回の文展に入選。代表作に『水より上がる馬』などがある。昭和44（一九六九）年、戦後画壇の巨匠として没した。

当時、足袋の生産は、技術的に難しい先付けと仕上げという最終工程を工場でおこない、その他の工程は一般の内職に依存するというかたちをとっていました。つまり、工場の機械化が進んだ結果、内職に依存する部分は減少していったのです。

工場生産が着実に軌道に乗り始めると、正二郎は、販売の方法にも新機軸を打ち出しました。店頭で直接消費者に販売する従来の方法から、特約した小売店を通じて販売する方法に改めました。この卸売りへの転換は、一挙に販路を拡大して、売上の増加に結びついたのです。

行商にまわる従業員は「志まやたび」と書いた荷箱を取り付けた大八車を引いて、得意先を一軒一軒まわり、商品の売り込みと集金をおこないました。そして、明治四十二（一九〇九）年、正二郎を中心とした企業努力によって、年間販売二三万二〇〇〇足、七〇〇〇円の純利益をあげるに至ったのです。足袋専業への転換に批判的だった父の徳次郎は、これを喜び、安心したかのように翌年の二月に、五二歳で死去しました。そして、兄の重太郎は、二代徳次郎を襲名しました。

この時期、激しい企業間競争のなかで、正二郎は

正二郎の父である初代・石橋徳次郎は、久留米藩士の龍頭家の次男として生まれた。

本店に隣接して建てられた志まやたびの工場。正二郎は、それまで無給であった徒弟たちを職人にして給料を払い、勤務時間を短くして月に2日の休日を設定するなど、思い切った合理化を実行した。

「苦闘の連続」と述懐する日々を送っていました。苦闘の日々のなかで、正二郎は、自分を鍛え、人情の機微を知り、商売の実地を学んだのです。

正二郎は、借入金の返済期限を厳守して信用を高め、運転資金の調達を円滑なものにしていく努力をしました。また、激しい競争のなかで広告の必要性を認識した正二郎は、広告に自動車を利用することを思いつきました。当時としては、きわめて高価であった自動車を早速購入して、造花と「志まやたび」と書いた幕で車体を飾り、旗を立てて車上から宣伝ビラや小旗を配りながら、九州全土を宣伝してまわったのです。沿道の人々には、自動車を初めて目にする人も多く、たいへんな評判になりました。

また、正二郎は「足袋のできるまで」という製造工程を紹介した映画を作らせ、劇映画とともに各地の劇場や学校、寺院などで無料上映しました。地方に映画の常設館がなかった時代に、これもたいへんな人気を呼ぶことになります。

自動車による志まやたびの宣伝。正二郎は、23歳のときの初めての上京で、日本自働車（大倉財閥系）が販売する輸入車に試乗して、これを商売の宣伝に利用することを思いついた。

常識を覆した足袋の均一価格制の採用

志まやは、さらに新機軸を打ち出しました。当時の足袋の価格は、サイズごとに小刻みに定められ、加えて品種によって価格も異なり、非常に煩雑なものとなっていました。商売をする側も、つねに価格表を手放せないという状況だったのです。しかし、この煩わしさを誰も改めようとはしていませんでした。

大正三（一九一四）年九月、正二郎は、東京の市電の乗車賃が五銭均一であることからヒントを得て、サイズの大小に関係なく、足袋の均一価格制を導入します。あわせて「志まや」という古臭いブランドを改めて、新しい商標に旭日昇天をあらわす「アサヒ」を採用しました。その後、大人気を博す「二〇銭均一アサヒ足袋」の誕生です。

同業他社は、均一価格であればサイズの大きな足袋しか売れず損をする、といった考えにとりつかれ、追

つちやたび

明治6（一八七三）年、現在の久留米市で倉田雲平によって創業される。明治27年には、ドイツ製ミシンを導入して、足袋製造の機械化と大量生産を開始。大正11（一九二二）年には地下足袋の製造、同14年には総ゴム靴・布靴の生産を開始した。昭和14（一九三九）に日華護謨工業に改称したのち、日華ゴムを経て、昭和37年に月星ゴムに改称。さらに、平成18（二〇〇六）年、現在のムーンスターに改称している。

紺足袋定價表

八文七分	九文	九文三分	九文半	九文七分	十文	十文三分	十文半	十文七分	十一文	十二文
參拾錢		參拾壹錢		參拾貳錢		參拾參錢		參拾四錢		參拾五錢

白足袋定價表

八文七分	九文	文九三分	九文半	九文七分	十文	十文三分	十文半	十文七分	十一文	十二文
貳拾六錢		貳拾七錢		貳拾八錢		貳拾九錢		參拾錢		參拾壹錢

金巾足袋定價表

八文七分	九文	九文三分	九文半	九文七分	十文	十文三分	十文半	十文七分	十一文	十二文
貳拾七錢		貳拾八錢		貳拾九錢		參拾錢		參拾壹錢		參拾貳錢

○紺瓦斯足袋は紺足袋より五錢上り
○ネル裏木綿裏總て同價とす
○朱子足袋は各拾錢上り
○絹足袋は各文壹圓乃至壹圓貳拾錢

品種と文数ごとに異なる価格が記されている当時の価格表の一部。業者でもこうした価格表が手放せなかった。

随するものはいませんでした。しかし、この商法は見事に成功します。増産につぐ増産で、事業は大きな躍進を遂げることになりました。アサヒという新鮮な商標も大衆にアピールして、安くて品質の良い足袋を望む消費者に、好意的に受け入れられていきました。そして、十文（約二十四センチメートル）が三十銭であった当時の業界の常識を覆す、この志まやの商法の成功によって、競合する日の本足袋や福助*足袋も、均一価格制に変更していったのです。

福助足袋
明治15（一八八二）年、辻本福松により、現在の大阪府堺市に丸福として創業。明治28年に日本で初めて足袋縫いミシンを開発、大正8（一九一九）年に福助足袋となった。昭和7（一九三二）年より、靴下、シャツ、靴など、その業務を拡大。昭和39年、現在の福助に改称した。

アサヒ足袋の発売に際して記された「アサヒ足袋発売趣旨」は、その製品に込めた理念をつぎのように表現しています。

「アサヒ足袋は将来一ヶ年能く数千万足を供給すべき大計画をたて発売するものであります。世間に良い足袋は色々ありますが、時勢の最も渇望する『安くして良い足袋』は未だ見当たりませぬ。アサヒタビは此の社会の要求に遺憾なく適応すべき任務を帯びたる理想的足袋でありまして足袋界に於て絶大の威力を示すべき実質を具備して居ます」

当時の志まやたびとアサヒ足袋の営業案内パンフレット。

そして、アサヒ足袋のメリットについて、原料の製造に科学的研究を施し、美しく丈夫であること、付属品や包装のデザインも高尚であること、などの点を強調しています。加えて、二〇銭均一価格に関しては、原料の違い、サイズの違いにより足袋の価格は多様であるが、顧客本位の考え方からすれば均一価格が望ましいと述べ、取引上の手数も軽減され、流通が円滑化する利点を列挙しています。また、アサヒ足袋が、安くて品質が良い理由として、安くて品質の良い原料を調達して、生産工程を機械化することにより、大量生産を推進していることをあげています。

二、製品の開発と販路の開拓における跳躍

日本足袋によるゴム底足袋の開発

志まやは、その成長も著しく、大正七（一九一八）年六月、資本金一〇〇万円の「日本足袋株式会社」に改組されました。そして、取締役社長に第二代石橋徳次郎、専務取締役に正二郎が就任しました。

同社の設立当時の足袋業界では、第一次大戦ブーム*によって資本金一〇万円超のメーカーが全国で六八社を数えており、なかでも、福助、つちや、志まや、日の本の四社が、業界の四大メーカーとなっていました。なお、株式会社に改組した初年度の日本足袋の業績は、営業報告書の伝えるところでは、大戦による好況のもとで、志まやとアサヒの両ブランドで三〇〇万足を販売し、前年度に比べて一五万足もの増加を記録しています。

しかし、大正九（一九二〇）年になると、第一次大戦後の不況の影響で、日本足袋の生産は著しく落ち込みました。同年度の決算では、創業以来はじめて欠損一五万円が計

第一次大戦ブーム
日本経済における第一次大戦の影響は、輸出の激増と海運業の活況を通じて、大正4（一九一五）年の夏から現れた。欧米諸国の戦時需要の拡大とアジア市場からの外国企業の撤退は、日本製品の輸出を伸ばした。輸出と海運業の活況は、輸出関連産業と造船業の拡大に連動し、造船業の発展は鉄鋼業の発展を導いた。さらに、外国工業製品の輸入途絶と国産品に対する内需の拡大は、欧米製品の流入によって圧倒されていた重化学工業に、成長と自立の機会を与えた。こうして鉱工業部門を中心とする企業勃興により、大戦期を通じて全生産額に占める工業の地位は農業を凌駕した。

二代目・石橋徳次郎と正二郎（右）の兄弟。２人が設立した日本足袋は、すでに企業規模からすると業界のリーダー格となっており、大正9（1920）年には、大阪と東京に支店も開設している。

上されています。第一次大戦期の好景気は、大正九年の恐慌により終わりを告げ、以後、昭和の幕開けまで日本経済はあいつぐ恐慌にみまわれます。

こうした経済環境のなかで、日本足袋の社業の行方にも、大きな不安が生まれました。そこで、徳次郎と正二郎は、一〇〇〇名の従業員、足袋製造で培った技術、そして、機械設備などを利用して、新製品の開発に着手します。米国製の運動靴からヒントを得て、勤労大衆の履物である「地下足袋」の開発・生産に乗り出していくのです。つまり、苦境のなかでいたずらに消極策に走らず、事業を再構築して将来を切り開く途を選んだのでした。

大戦ブームを通じて、日本経済は発展しました。国民生活も向上しましたが、勤労者の履物はいまだにわらじが一般的でした。耐久性に欠けるわらじは、一日一足履きつぶすのがふつうでした。また、わらじには足袋も必要となります。したがって、月に二五日働く

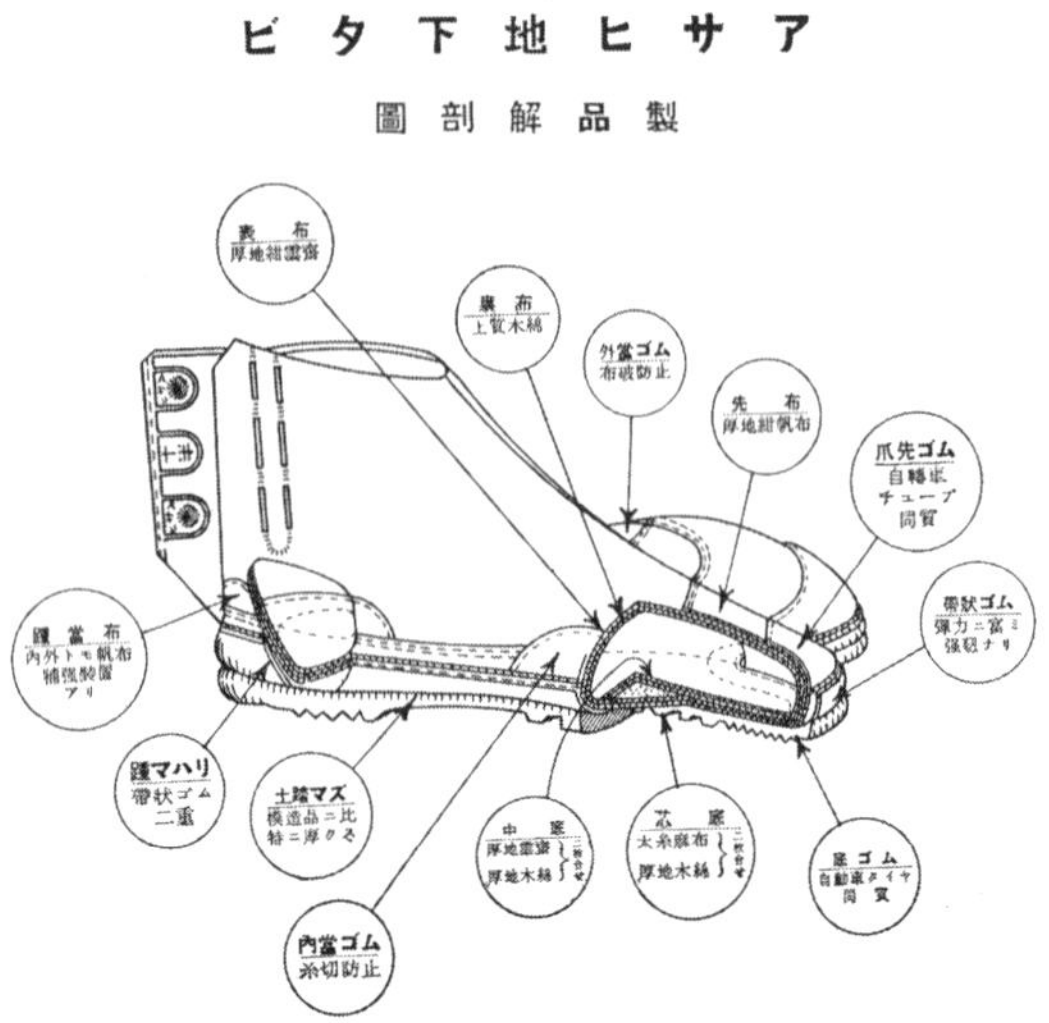

ゴム底の足袋は、1900年代初頭から大阪、神戸、岡山などで生産されていたが、耐久性に乏しいという欠点を克服できていなかった。

として、わらじ一足五銭で月に一円二五銭、足袋一足二〇銭で、足袋の寿命を一カ月とすると月に二〇銭。すると、履物代は一日で約六銭かかる計算になり、日給が五〇銭から一円くらいの当時、それは大きな負担となっていました。また、安全上、能率上の点からみても、わらじには、釘やガラスの破片などを踏み抜きやすく、足に力が入らないなどの問題がありました。

そこで、勤労者の履物として人気を得つつあったゴム底足袋の生産に、日本足袋も着手したのです。そして、当初、岡山や広島のゴム会社からゴム底を仕入れて、ゴム底足袋の生産をおこなっていた同社では、採算上の問題からゴム底の自給が計画されました。技術者の育成が進み、加工機が導入され、一貫生産が始まったのは、大正十一（一九二二）年のことでした。ゴム底足袋そのものは、決して目新しい製品とはいえませんでしたが、日本足袋の革新は、従来のゴム底を縫付式から貼付式に切り替え、縫い糸の切れからくる耐久性の低さを大きく改善したことでした。これにより、ゴム底足袋の普及は急速に進みました。

日本足袋は、この研究開発のプロセスで、大阪工業試験所[*]ゴム主任技師・田中胖の紹介で、はじめてゴム技師である森鉄之助を会社に迎えました。そして、足袋技師の堤福次郎との共同研究の結果、ゴム糊をゴム底粘着に利用したゴム底足袋の試作第一号を、大正十一年八月に完成しています。

大阪工業試験所 大正7（一九一八）年に当時の農商務省により設立された国立の工業試験所で、のちに通商産業省の大阪工業技術試験所となった。現在の独立行政法人産業技術総合研究所関西センターの源流の一つにあたる。

市場を席巻したアサヒ地下足袋

大正十二（一九二三）年一月に発売された「アサヒ地下足袋」は、九月の関東大震災を契機に、その売れ行きを大きく伸ばしました。ただし、従来の縫付式を駆逐すると同時に市場を新規開拓して、全国的に地下足袋を販売していくために、たいへんな販売努力も払われました。日本足袋の販売担当者は、自らアサヒ地下足袋を履いて、売り込みに奔走し、その経済性、安全性、使いやすさを説いてまわりました。

足袋とわらじの組み合わせよりも耐久性のある地下足袋は、一足一円五〇銭ほどで、足袋とわらじを買う

当時のアサヒ地下足袋の商品説明。ゴム底の貼付式は、アメリカ製のテニス靴からヒントを得た。

よりも高価になります。しかし、一年にせいぜい三足もあれば足りるので、年間で十円以上の節約になるうえ、ゴム底が絶縁体となっているため、鉱山や電気工事の現場では、とくに重宝されました。また、当時、死にいたる病として恐れられていたワイル病*の予防のためにも、必要な道具となったのです。

従来の縫付式にみられるように、ゴム底足袋の創製それ自体は、日本足袋によるものではありません。したがって、地下足袋を生産するためには、技術上の問題とはべつに、実用新案権*の問題がありましたが、先行の実用新案権を買収するとともに、日本足袋の創案も新たに実用新案として登録された、という経緯がありました。先行の実用新案は、製品化の可能性がきわめて小さいものでした。一方、日本足袋の創案は、原理こそ完全に独創的なものではありませんでしたが、大量生産して大衆に普及させ、実際の生活に役立つ商品に仕立て上げ、履物界に大きな変革をもたらした、という点で意義あるものでした。

なお、大正十三（一九二四）年五月、日本足袋久留米工場の火災による生産停止に乗じて、日本足袋の製品に模した地下足袋が各地に出現して、実用新案権の侵害が大きな問題として浮上しました。このとき、日本足袋側はつぎのような主張を新聞紙上に公表して、企業としての断固たる姿勢を示すとともに、訴訟を起こしています。

ワイル病
病原性レプトスピラの感染によって起こる黄疸出血性レプトスピラ病の別名。当時の日本では、農作業や土木作業の従事者に多く発症した。現在でも沖縄県では散発的に発症がみられ、発熱、黄疸、出血、腎障害などの症状があらわれる。

実用新案権
知的所有権の産業財産権に属する権利の一つ。実用新案を登録した物品の製造・使用などを排他的に独占できる権利。保護の対象は「物品の形状、構造または組み合わせにかかる考案」に限られ、その存続期間は、出願公告から10年と定められている。

「われわれは一企業の私利、私欲のため係争しているのではない。当社の地下足袋は労働者階級の履物であり、自信をもって品質優秀のものをつくっている。それに対し各地に品質粗悪な模造品が続出しているが、これを黙認すれば労働者階級は結局粗悪品を履くこととなり、大衆の不利益となる。われわれの真意はこの粗悪な模造品を一掃して、日本産業に貢献せんとするにある。従って他社がわれわれのつくるものより良い品をつくり、これを安く売るのであるならば矛をおさめて係争を止めよう」

一連の係争事件は、日本足袋の勝訴で決着します。さらに、係争自体がアサヒ地下足袋の宣伝にもなり、その製造と販売の許可を求める業者も現れました。そこで、日本足袋は、それらを認めることでアサヒブランド地下足袋の拡販を進めました。

大正十四（一九二五）年十二月二十七日の福日新聞*によれば、日本足袋の特許*と無関係の地下足袋の製造能力は、全国で二〇〇〜三〇〇万足に過ぎず、日本足袋とその特許で製造される地下足袋のシェアは、九〇%に近いという状況でした。地下足袋の生産を日本足袋一社で独占することなく、広くその生産を認めて、暮らしを変える道具として浸透させた背景には、つねに社会への貢献を心がける正二郎の考えがあったのです。

石橋兄弟は、工場火災後の応急措置に全力をあげましたが、なかでも正二郎は、これを機に火災や地震に強い鉄筋コンクリートで、建坪がおよそ二万坪にもなる大規模な近

福日新聞
明治13（一八八〇）年、「筑紫新聞」と「筑紫新報」の合併により誕生した福岡日日新聞のこと。のちに九州各地の新聞を統合して、現在の西日本新聞となった。

特許
実用新案と同じく、産業財産権に属する権利の一つ。ただし、技術水準の低い創作は、対象とはならない。存続期間は、出願公告から20年と定められている。ちなみに、産業財産権には「意匠」や「商標」なども含まれる。

再建された日本足袋久留米工場（後年撮影）。アサヒ地下足袋は、生産開始から５年目の昭和2（1927）年には1000万足、昭和10年には2000万足を生産した。

代工場の建設を断行しました。罹災した旧工場は、およそ一〇〇〇坪でしたから、その二〇倍におよぶ規模でした。新工場には、アメリカのフォード社に倣って、ベルトコンベアーと各フロアを結ぶエレベーターを利用した、流れ作業システムによる大量生産体制が整備されました。その結果、日本足袋の生産性は、驚くほどのスピードで向上していったのです。

布製ゴム底靴「ワシントン」の創製

日本におけるゴム靴工業は、大正七（一九一八）年に神戸で始まりました。タイヤや医療器具、玩具などに比べて、遅れて勃興したのです。当時、日本人の多くは一般に和服を着用し、靴を履くことはありませんでした。また、洋服を着用している人々は、軍人や官吏、一部の文化人に限られており、履物はおもに革靴でした。ゴム靴の需要はなく、技術的な問題もあり、

久留米市洗町に建設された日本足袋の久留米本社事務所。この社屋は、アサヒコーポレーションの本社として現在も使用されている。

工業化が遅れていたのです。最初のゴム靴は、すべてがゴム製で、多くは北海道、東北、北陸の寒冷積雪地で消費されました。

日本足袋がゴム靴に乗り出したのは、地下足袋と同じ大正十二（一九二三）年のことでした。洋服の普及にともなって、靴の利用が増えつつありましたが、革靴は高価なので、安価な布製ゴム底靴にビジネス・チャンスを見出したのです。大衆、学童向けに「ワシントン」の商標で布製ゴム底靴を売り出しました。当時、同社の製品でもっとも小売価格が低かったのは、鉄色ズック靴で九〇銭、もっとも高かったのはヒール付き紳士靴で二円五〇銭でした。また、大正末期から、総ゴム靴の生産も開始しました。

大正十三（一九二四）年からは、中国や韓国の靴の研究も始められました。両国で使用されていた靴は、甲の部分も底の部分も布製であり、耐久性の点できわめて問題が多いことを確認したのち、これをゴム底靴に改良して、輸出に向かう体制を固めていくことになりました。

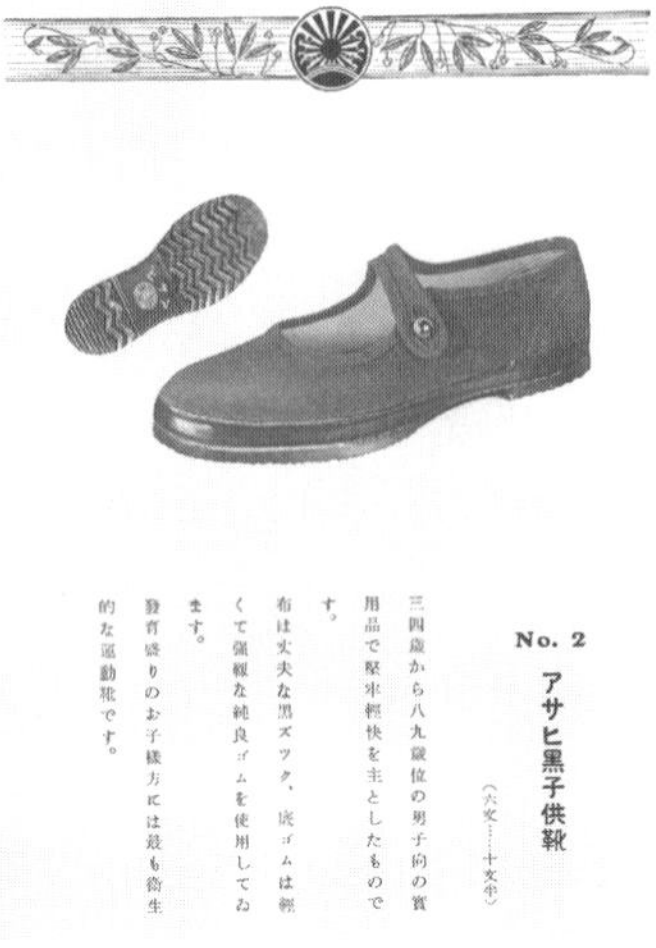
No. 2
アサヒ黒子供靴
（六文……十文半）
三四歳から八九歳位の男子向の實用品で堅牢輕快を主としたものです。
布は丈夫な黒ズック、底ゴムは軟くて強靱な純良ゴムを使用してゐます。
發育盛りのお子様方には最も衛生的な運動靴です。

子供用のアサヒ靴の商品説明。アサヒのゴム靴は、とくに子供靴として人気を集めた。

専売店化でめざした共存共栄

志まやたびの時代から日本足袋の時代へ推移する同社は、足袋から地下足袋、そしてゴム靴の生産へと製品を多様化して、その販売についてもダイナミックに変化を模索していきました。当初は、製造兼卸商として、近在の小売店との直接取引をおこなっていました。しかし、九州各地はもとより、四国、中国地方にまで販路が伸びるにしたがい、代理店網の整備を進めていきました。また、同業者の強固な地盤や将来性のある都市には、出張所や直轄代理店を設けて、本社から人員を派遣しています。

アサヒ足袋の爆発的な人気にともなって、大正十（一九二一）年には、全国に代理店が置かれることになりました。各地方で資力と信用のある呉服点と代理店契約を結び、その暖簾と取引網を活用することで、販路を拡張する途を選んだのです。

従来から取り扱っていた足袋と、新たに製品に加わった地下足袋やゴム靴は、使用目的や需要層が大きく異なっており、旧来の販路とは異なる販売網の形成が必要でした。

小間物店
日用品や化粧品など、こまごまとした商品を販売する店舗。

久留米工場における作業風景。当時、日本足袋の従業員は年を追うごとに増員され、大正12（1923）年の1181人が、大正14年には2373人、昭和2（1927）年には3519人となっていった。

日本足袋の製品を取り扱う小売店には、呉服店、小間物店、雑貨屋、下駄屋などさまざまな種類があり、そのうえ、小売店は多数のメーカーの履物を販売していました。小売店は、多種多様な製品について多数のメーカーの製品を取り扱い、日本足袋の製品のみに販売努力を集中させるという性格のものではありませんでした。

そこで大正十五（一九二六）年から、小売店の専売店化が進められました。昭和のはじめには、商品の優秀性や小売店主の理解もあり、全国六万店ものアサヒ専売店が設置され、本社—アサヒ代理店—アサヒ専売店というチャネルが出来上がりました。

流通の系列化にともなって、石橋正二郎はアメリカのシンガーミシン社*に倣い、販売を統制するしくみを導入しています。それは、メーカー・代理店・専売店という三者の共存共栄を追求するものでした。具体的には、以下の三点をその方法としています。

シンガーミシン社
アイザック・メリット・シンガーにより、一八五一年に設立されたアメリカのミシン製造会社。一九〇〇年代初頭には日本上陸を果たし、世界で年間二五〇万台の販売実績を記録した。現在の社名は、ザ・シンガー・カンパニーとなっている。

一、代理店ごとにテリトリーを設けて、それ以外へ進出しないこと。
二、代理店ごとに販売責任数を決めること。
三、価格厳守と乱売防止に努力すること。

言い換えれば、代理店の販売活動を、自ら担当するテリトリー内の他社製品との競争に集中させ、代理店間によるアサヒ製品同士の競争を回避して、値引き競争などの弊害を除去することを目的としました。それがひいては、定価販売の維持とメーカー・代理店・専売店の共存共栄につながり、加えて、販売の地盤が強固になることを、正二郎は期待しました。さらに、日本足袋は、共存共栄の趣旨から代理店に対して経営指導を実施して、代理店経営の向上を支援していきました。

広告宣伝活動の志向と効果

志まやの時代から、日本足袋の広告宣伝活動には、一つの特徴があります。それについて、石橋正二郎はつぎのように述べています。

「その頃（第一次大戦前後…筆者注）の風潮ともいうべき商略は、商品は宣伝にありというにあった。新聞広告はいうまでもなく、看板やらポスターやら、あらゆる方面にわたって宣伝戦が非常に盛んであった。福助足袋やつちや足袋は年に五〇万円位を広告に費したといわれている。私は商略本位のこうした流行と広告競争には断然反対であった。無益の広告をして需要者の購買心をそゝり、値段を高くして売りつけるのは何としても邪道だからである。私は堅き信念に基いて、広告戦に加わらない方針を堅持した。その代わり、実質的に品物の改善に意を注いだ。即ち値が安くてよい品を売って、需要者の真の利益を図るのが永遠の策であるという信念で戦った。従って広告費となすべきものはこれを品質の改良に、利益の大部分もこれ又改善にという具合にしたから、心ある需要者からみれば、値段が一、二割も安い上に品質は最良である結果となって、益々信用をたかめることになっていったのである」

この言葉からは、品質改善と原価低減を実質的に追求して、消費者の利益を重視する正二郎の考えを知る

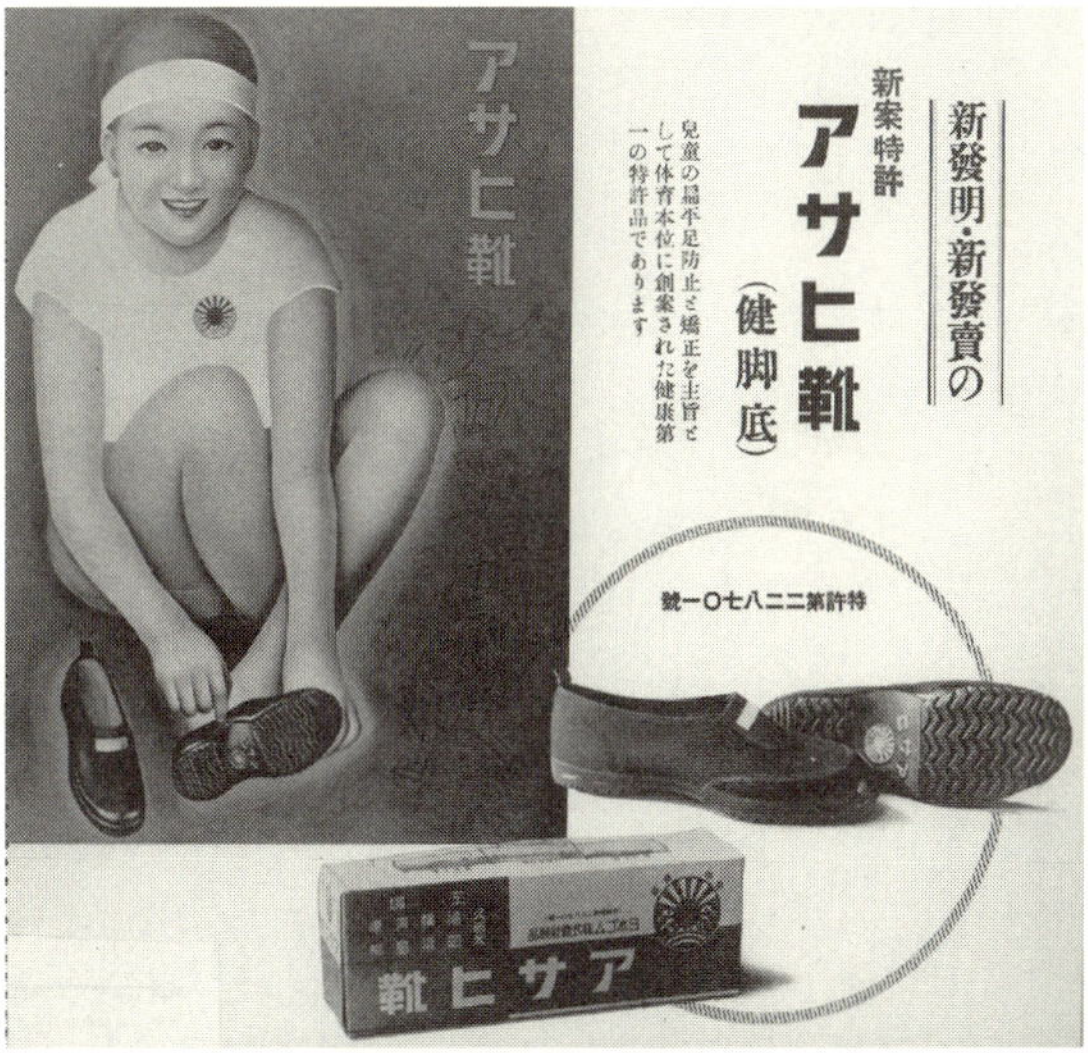

子供用のアサヒ靴の広告物。日本足袋は、海外市場にも販路を広げる一方、昭和3（1928）年から福岡市にゴム靴専用の新工場を建設した。

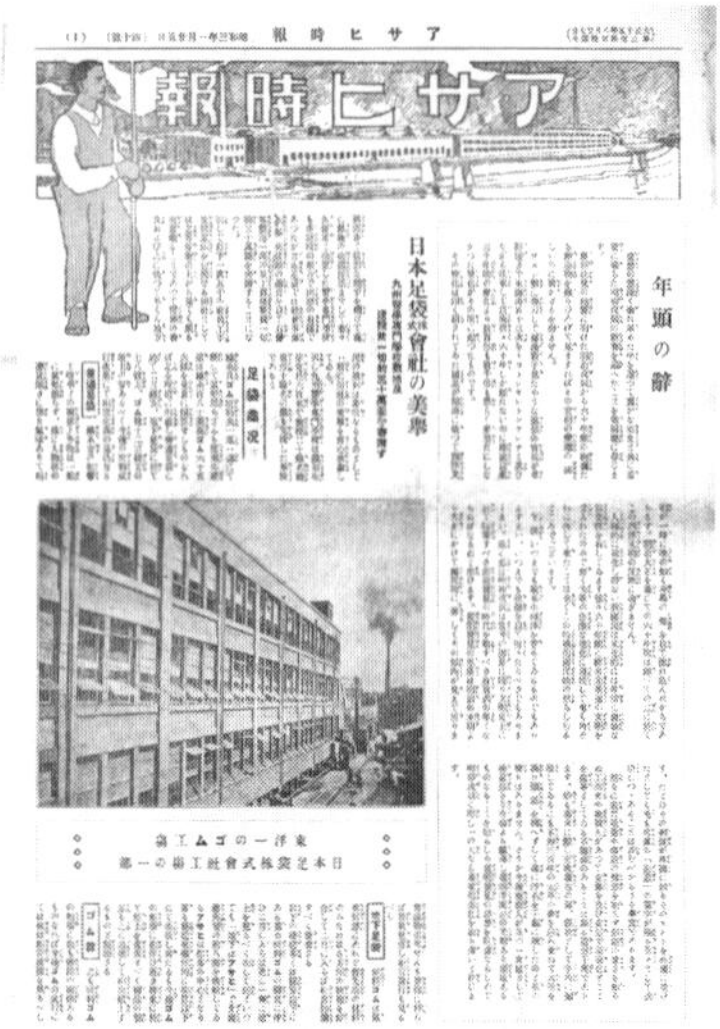

日本足袋の「アサヒ時報」の発行は、当時としては画期的ともいえる販売促進活動であった。

ことができます。正二郎の広告宣伝に対する姿勢は、少ない広告費を重点的に、かつ効果的に使い、メリハリをつけるというものです。大正初期から、毎年、営業パンフレットを取引先に配布して、日本足袋の経営方針、営業内容、製品の紹介と解説などをおこない、看板やポスターについても重点的に設置、配布したのです。

大正十二（一九二三）年の地下足袋発売に際しても、日本足袋は、広告戦には参加しませんでした。しかし、アサヒののぼりを立て、ビラを配布しながら口上を述べる楽隊広告を各地に展開して、人気を博しています。また、新たに宣伝機関紙として「アサヒ時報」を発刊して、九月から代理店、小売店に配布しました。同紙は、B4版八ページの新聞の形式をとったもので、会社の方針や業界動向、さらに海外市況まで紹介して、代理店、小売店の啓蒙と指導に大きな役割を果たしています。そして、大正末になると、新聞広告を年に数回、全国紙に掲載するようになりました。加えて、地下足袋の発売以降は、先にも述べたように映画を活用した宣伝が実施されています。

昭和に入ると、広告宣伝活動はさらに多様化していきました。人出の予想される催事

井上準之助
明治2（一八六九）年、現在の大分県日田市に生まれる。東京帝国大学卒業後、日本銀行入行。大正8（一九一九）年、日銀総裁に就任。大正12年の山本権兵衛内閣と昭和4（一九二九）年の浜口雄幸内閣では、大蔵大臣を務めた。昭和7年、血盟団事件によって暗殺された。

場でのアドバルーンの掲揚、小旗やビラの配布、アサヒマークをつけたグライダーの飛行、学童保健体育の啓蒙紙「体育」の発刊などが、あいついでおこなわれました。

昭和恐慌のなかで躍進する経営

地下足袋とゴム靴の好調により、日本足袋の業績は順調に伸長しました。資本金も大正十四（一九二五）年当時の一〇〇万円から、昭和三（一九二八）年には五〇〇万円に増大しました。昭和恐慌のなかにあっても、同社の経営が揺らぐことはありませんでした。それは、石橋正二郎の徹底したコスト意識、流通の系列化、製品の絶え間ない改善といった経営活動の結果にほかなりません。

当時の全国ゴム履物業界に占める日本足袋の地位は、表4にみるように顕著な向上を示しています。昭和五（一九三〇）年の帝国議会の席上で、井上準之助[*]蔵相が「不況のなかでもなお繁昌発展しているものがある。東のマツダランプ、西の日本足袋の両社がそれである。」と述べています。

日本足袋は、ゴム履物業界で確固たる地位を築き、海外市場への進出をつぎの課題として認識するようになりました。アジア諸国に目を向けると、いまだ粗末で不経済な履物を利用している地域が少なくない状態にあり、そこにビジ

表4　日本足袋とゴム履物業界の生産推移

	日本足袋（千足）	全　国（千足）	全国比（%）
昭和2年（1927年）	12,500	不明	不明
昭和3年（1928年）	14,500	不明	不明
昭和4年（1929年）	18,000	37,913	47.5
昭和5年（1930年）	20,500	47,290	42.5
昭和6年（1931年）	24,000	32,266	74.0
昭和7年（1932年）	28,000	34,294	82.0

出典：日本足袋『40年の歩み 草稿』1958年。

表5　主要ゴム靴輸出国の輸出状況

（単位：千足）

	昭和4年（1929年）	昭和5年（1930年）	昭和6年（1931年）
アメリカ	13,000	7,800	3,290
カナダ	11,600	7,880	4,890
日本	6,950	11,850	34,000
フランス	5,000	2,500	2,430
イギリス	4,000	3,340	2,000
ポーランド	2,150	2,600	2,000
スウェーデン	1,100	550	500
ドイツ	590	1,530	4,380
チェコ	300	1,000	3,500

出典：日本足袋『40年の歩み 草稿』1958年。

ネス・チャンスを見出そうとしていました。また、ゴム履物の主原料は生ゴムと綿布であり、それらを輸入により賄っている状況を考えたとき、輸出を増進して国際収支の均衡に貢献することも、念頭に置かれていました。

本格的な輸出活動が、昭和二（一九二七）年五月、輸出課の新設をもって開始されました。満州地区は、日本足袋と代理店の直接取引の形をとり、同地域を除くアジア各地での販売は、三井物産が担当しました。中国、インド、東南アジア諸国の消費者のニーズを汲み取った、高品質で価格も安い日本足袋の製品は人気を博し、昭和七（一九三二）年後半からの生ゴム相場の低落や円安の動きもあいまって、アフリカ、中米、イギリス、アメリカ、ベルギー、オランダ方面にも、輸出は激増していきました。

昭和四年から六年にいたる、世界の主要ゴム靴輸出国の輸出状況を示した表5からも明らかなように、日本の成長には目を見張るものがありました。そして、石橋正二郎は、驚異的成長の要因を分析して、つぎの五点にまとめています。

表6　日本足袋の布靴輸出推移

	日本足袋（千足）	全　国（千足）	全国比（%）
昭和3年（1928年）	3,147	10,000	31.5
昭和4年（1929年）	5,045	7,510	67.0
昭和5年（1930年）	7,556	17,050	62.8
昭和6年（1931年）	5,867	25,340	23.2
昭和7年（1932年）	8,318	27,750	30.0

出典：日本足袋『40年の歩み 草稿』1958年。

一、原料ゴムの生産地に近いうえ、輸入に立地上便利なこと。
二、労働コストが低いこと。（アメリカの一〇分の一～二〇分の一）
三、日本人の手先の器用さ。
四、気候風土の適切さ。
五、中国、インド、東南アジアなどの市場に近接していること。

昭和初期における日本足袋の布靴輸出実績は、表6にみるように総輸出量の三分の一から三分の二を占める成績をあげています。

第二章　ブリヂストンタイヤの創設と時代

一、タイヤ事業に注がれた石橋正二郎の情熱

草創期のタイヤ工業とダンロップ

明治四十二（一九〇九）年、神戸に設立されたダンロップ*護謨（極東）株式会社日本支社が、タイヤ・チューブ類とその他ゴム製品の製造と販売を開始して、従来の日本の未成熟なゴム工業に、技術的に大きな影響を与えました。当時、世界屈指のゴム工業会社であるイギリスのダンロップ*社を背景に、優秀な技術と強力な販売組織を有して、日本のゴム市場を制覇していったのです。

しかし、他方で、ダンロップのわが国における活動は、わが国のゴム工業会社の模範となり、国産タイヤの技術的レベルを向上させることにつながりました。ダンロップ護謨日本支店の設立を契機に、神戸市を中心に多くのタイヤ製造会社が設立され、自転車、自動車、人力車、その他のタイヤ・チューブの生産量は、大正三（一九一四）年に

ダンロップ護謨（極東）
ダンロップ社の出資により、香港の本社および神戸の日本支社が設立された。なお、日本支社では自動車のタイヤ・チューブばかりでなく、人力車のタイヤなども生産。大正2（一九一三）年には国産第一号となる自動車タイヤを生産した。のちに住友グループ傘下となり、現在の住友ゴム工業となった。

ダンロップ社
一八八八年、アイルランドの獣医師であったジョン・ボイド・ダンロップは、空気入りのゴムチューブを用いた自転車タイヤを考案。翌年、その特許によって自転車タイヤ会社の設立に参画。これが、のちにダンロップ社となった。

横浜護謨製造
大正6（一九一七）年、横浜市に設立された。昭和29（一九五四）年、国産初のチューブレスタイヤおよびスノータイヤを発売。昭和30年にはナイロンコードタイヤを日本で初めて発売した。昭和38年、現在の横浜ゴムに改称した。

五五万六〇〇〇円を記録して、同年のゴム製品生産総額の一七%を占め、ゴム工業において重要な商品になったのです。新たに設立されたゴム会社では、ダンロップの工場で経験を積んだ多くの人材が重要な役割を担っており、ダンロップの工場は「ラバー・スクール」と呼ばれるようになっていました。

その後、大正六（一九一七）年になると、*横浜護謨製造株式会社が設立され、大正十（一九二一）年からタイヤの製造を始めています。同社は、*古河財閥系の横浜電線製造株式会社が、電線業界の不況打開策としてゴムの加工に乗り出し、高度な加工技術の導入を目的に、アメリカのB・F・グッドリッチ社との合弁会社として設立されました。そして、*グッドリッチ社から技術の援助を受けて、世界的な品質の製品を最初から製造することに成功しました。

しかし、大正十二（一九二三）年の関東大震災に被災した横浜護謨が、あらためてタイヤ製造を開始できたのは、昭和四（一九二九）年のことでした。つまり、昭和五（一九三〇）年ごろまで、自動車タイヤ・チューブ類は、ほとんどダンロップ護謨の独占状態だったのです。

明治44（1911）年3月1日の報知新聞に掲載されたダンロップ護謨（極東）の自転車タイヤの広告。

古河財閥
足尾銅山などの鉱山経営により成功した古河市兵衛が、その基盤を築いた財閥。一九〇〇年代初頭より事業の多角化を推し進め、電気・金属・化学工業を中心とした、今日の古河グループの礎を形成した。古河電気工業、古河機械金属、横浜ゴム、富士通などが、グループ企業として数えられる。

グッドリッチ社
ベンジャミン・フランクリン・グッドリッチによって、一八七〇年に設立された。一八九六年、アメリカで初めて自動車用空気入りタイヤを発売するなど、世界屈指のタイヤメーカーとなった。しかし、一九八八年にタイヤ生産部門がミシュランに売却された。

決意した自動車タイヤの国産化

弱冠一七歳で田舎の小さな仕立物屋を継いだ正二郎は、自らのアイディアを大切に事業に結びつけました。調査研究を決して怠らず、ビジネス・チャンスとみるや細心の注意を払って、大胆に行動に移していきました。そして、そこには、目先の事業欲にとりつかれることなく、いつも国家と事業の関わりに真摯に取り組む姿勢が一貫しています。そのような、いわば「産業報国型」経営理念の行き着くところに、自動車タイヤの国産化が決意されたのです。

「昭和三年頃、地下足袋やゴム靴の大量生産はすでに緒についたが、将来のゴム工業として大きくのびるのは何といっても自動車タイヤであるから、私は自分の手でこれを国産化したいと決心した」

正二郎は、当時を回想してこのように述べています。しかし、当時のタイヤ産業を取り巻く状況は、あまりにも厳しいものがありました。

大正十二（一九二三）年、関東大震災の復興に利用されたのを契機に、自動車の有用性は人々にしだいに認識され、トラックを中心とした法人の需要がみられるようになっ

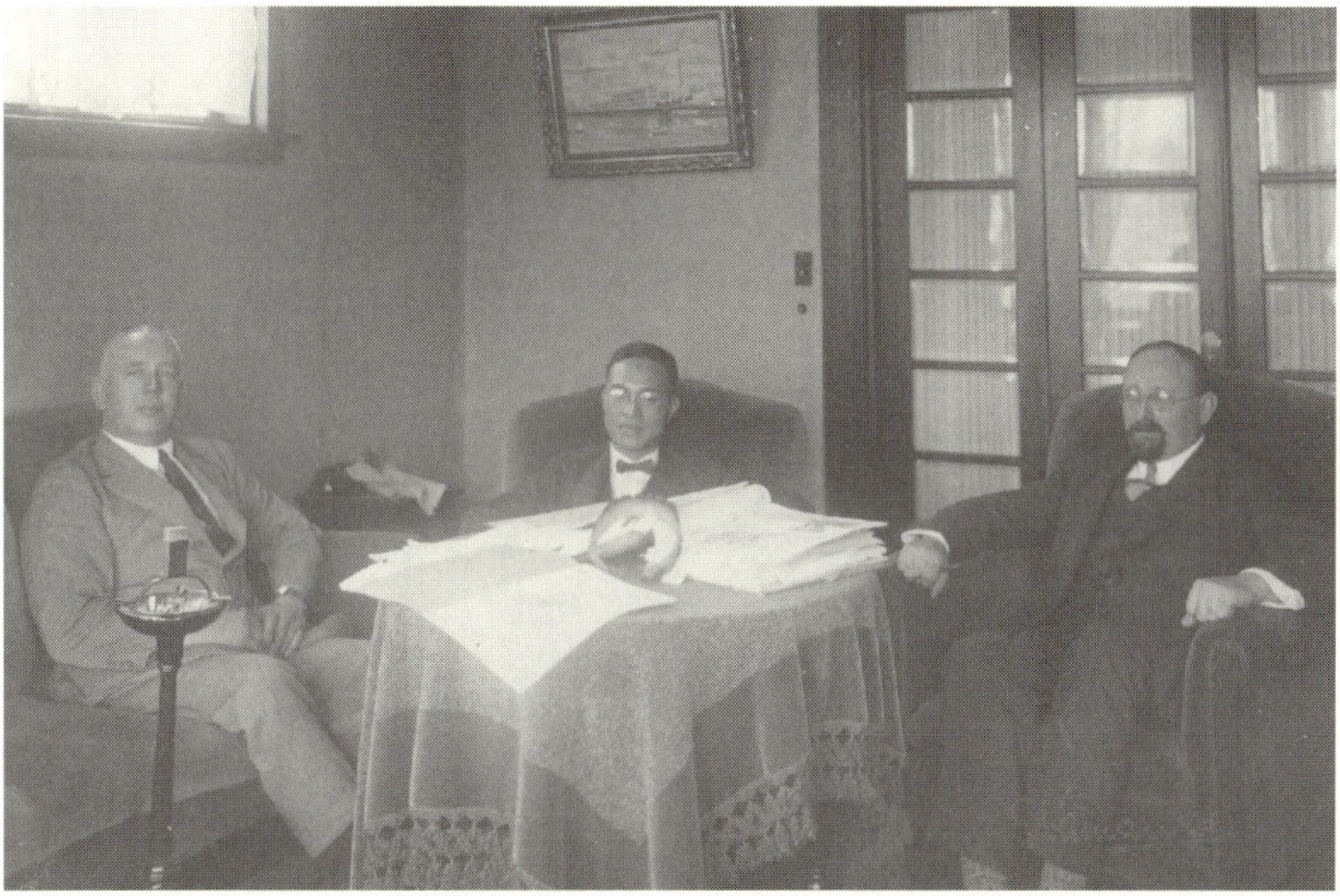

左から、ヒルシュベルゲル、石橋正二郎、ヒーリング商会のストロール。当時、自動車タイヤの製造に必要となる機械は、大阪のヒーリング商会を通じて、アクロンのスタンダードモードル社に発注された。

ていました。極東の市場を狙っていたアメリカのフォード社、ゼネラルモーターズ社（GM）は、大正から昭和にかけて子会社を設立して、あいついでわが国に進出しました。日本の自動車市場は、日本フォード、日本GMの支配下におかれることになったのです。そして、自動車市場の拡大につれて、タイヤ産業のビジネス・チャンスは大きく広がっていきました。

昭和三（一九二八）年のタイヤの国内需要額は一〇七五万円で、そのうち四六七万円を輸入に依存していました。ただし、国内生産分の多くも日本ダンロップ（ダンロップ護謨日本支社は、大正六年に日本法人日本ダンロップに改組）の製品であり、わが国のタイヤ市場は、自動車ともども外資系企業の支配下におかれていたのです。

ブリヂストンの創業者・石橋正二郎が自動車タイヤの製造を決意したのは、まさにそのような時期のことでした。タイヤ産業の前途に光明が差し始めていたとはいえ、当時の自動車保有台数はわずか八万台程度と小規模であり、タイヤメーカーは、すでに述べたイギリス系のダンロップ、そして大正六（一九一七）年に設立されたアメリカ系の横浜護謨製造が先発しており、英米の先進国企業を背景に、高度な技術力と強力な販売力、さらに潤沢な資金力を基礎として、市場支配を進めている最中だったのです。

工業報国というナショナリズム

こうした厳しい環境のもとで、タイヤ産業への参入を断行した石橋正二郎の考えは、つぎのような言葉に端的に表明されています。

「現今、わが国で消費する年三〇〇〇万円の自動車タイヤ代は、みな外国人に払っております。将来、五〇〇〇万円、一億円に達する大量の消費額となるべき自動車タイヤを全部外国人に占められることは国家存立上重大問題と思うのであります。（中略）私は一家、一会社の問題ではなく、全く国家のために大いに働く考えで、将来ますます社会に奉仕せんとする理想を有する者であります。私の事業観は単に営利を主眼とする事業は必ず永続性なく滅亡するものであるが、社会国家を益する事業は永遠に繁栄すべきことを確信するのであります。私はわが社の創業精神を工業報国とし、この信念のもとにこの使命を果たすことを主義とし、将来あくまでも進取的に奮闘する決心であります」

タイヤ国産化への挑戦は、すなわち、正二郎の強烈なナショナリズム意識のあらわれでした。また、目前に迫る「地下足袋の実用新案権の期限切れ」も、この決断の追い風となりました。

「地下足袋の売れ行きはますます進展し、また靴類の輸出も緒について発展の将来性はあっても、地下足袋の実用新案権は昭和九年三月をもって切れる。そうなればいつまでも独占的地位を保つことはできない。自動車はようやく大正末期から急速に普及し、遠からず自動車全盛時代が現出する。しかるにそのタイヤは大半が欧米からの輸入品であり、国内生産も外国資本、外国技術によるもので国産品とは言い難い。ゴム工業者の使命として履物のみに甘んずることなく、タイヤ企業に進出し、完全国産化をはかり、タイヤ輸入を防止するとともに、更に進んで海外にまで輸出して原料のゴム輸入代価を相殺し、わが国の国際収支に貢献しよう」

さらに、当時の地下足袋業界が、不況のもとで激しい販売競争の只中に置かれていた

昭和6（1931）年に撮影された君島武男教授。当時の日本のゴム研究の第一人者で、のちに名誉教授となった。

ことも大きな要因でした。昭和四（一九二九）年から昭和六年にかけて、地下足袋の生産額は著しく低下し、一足当たりの平均単価は八八銭から四四銭へ低落しています。この価格低落によって、業界各社の経営も苦境に陥っていたのです。

「ブリッヂストン」の命名と覚悟

タイヤ事業への進出は、従来から手がけてきた事業分野とはあまりにも異質でした。したがって、タイヤ事業への進出を決めた正二郎に賛同するものは、ほとんどいませんでした。兄の徳次郎も反対の姿勢を崩さず、日本足袋の技術スタッフの意見は「タイヤの技術はそんな生やさしいものではありません。これまで日本の会社で手をつけたものもありますが、みな失敗しています。おやめになったほうがいいでしょう」というものでした。また、事業化の可能性を相談した九州帝国大学教授の君島武男から「自分は米国のゴム化学を学ぶためアクロン*の大学に長く留学していたので、タイヤの製造技術がいかに難しいものであるかということを知悉している。しかし、日本足袋の年間利益相当分くらいの金をあ

アクロン
アメリカ合衆国のオハイオ州にある工業都市。とくにゴム工業において、グッドイヤー、ファイアストン、グッドリッチなどの創業の地となっており、現在でも多くのタイヤメーカーが、さまざまな施設を構えている。

なたが研究費としてつぎこみ、一〇〇万円や二〇〇万円は捨てる覚悟があれば助力しましょう」といわれ、覚悟を新たにしたといわれます。

こうしたとき、正二郎の考えに賛同して勇気づけたのは、三井合名*理事長、日本工業*倶楽部理事長を歴任した三井の総帥・団琢磨*でした。団は、昭和初期の不景気のなかでも「自動車タイヤは将来有望だから賛成です」と述べています。団は、財界の重鎮であるとともに、アメリカのマサチューセッツ工科大学に留学し、東京帝国大学助教授、工部省を経て、三井鉱山で活躍した科学者でもありましたから、彼の言葉には重いものがありました。

三井合名
明治42（一九〇九）年、欧米の財閥を参考に、三井家の出資により設立された持株会社。この三井合名会社をグループの頂点に置くことで、コンツェルンとしての体制が確立された。

団琢磨は、マサチューセッツ工科大学を卒業したのち、東京帝国大学助教授なども務めた。

当時の好業績を背景に、正二郎はタイヤ事業への進出を決め、昭和四（一九二九）年四月、極秘裏に必要な機械をアメリカの会社に発注しています。そして、タイヤ製造技術の研究を指示しました。技術陣には、ドイツ人技師のパウル・ヒルシュベルゲル*や、君島教授の推薦で九州帝国大学卒業後に入社した北島孫一らがいました。

昭和五（一九三〇）年、日本足袋久留米工場に設けられたタイヤ工場に、アメリカから輸入したタイヤ製

日本足袋の久留米本社の敷地内にある倉庫を改造したタイヤ仮工場は、昭和4（1929）年の暮れに完成した。アメリカに注文した機械が到着したのは、その翌年の1月であった。

造用機器の据え付けが始まり、その最中の二月に、正二郎は、兄の徳次郎に代わって日本足袋の社長に就任しました。そして、選抜された二十名ほどの従業員が、輸入機械の使用書を拠りどころに試作を重ねて、苦心の末、四月に試作品第一号を完成したのです。

正二郎も、毎日、研究室につめて開発の指揮にあたりました。当時を振り返って、正二郎は「外国の指導を受けずにたいへん苦労したが、幼稚でも自主開発を通じて技術を蓄積することができたことが、有益であった」と回想しています。商業学校で学んだ経験しかない正二郎自身、開発の過程で技術的な知識を深めていったのです。

また、この間すでに正二郎は、海外の製品と伍して競争するために、英語の会社名と商品名の必要性を感じ、自らの石橋（ストーン・ブリッヂ）という名前をもじって「ブリッヂストン」という名前を決定していました。この命名は、タイヤ事業への本格的進出を前にした正二郎の決意であると同時に、何よりも彼の眼がすでに海外市場に向いていたことを示すものでもあります。

さらに特筆すべきは、世界恐慌の只中という時期に、日本足袋が自動車タイヤ事業へ進出したことです。これは、第一次大戦後の不況のなかにあっても消極的な収拾策に安住せず、地下足袋の開発生産によって社業の飛躍をもたらした、正二郎ならではの意思決定といえます。

二、時代の嵐に翻弄されるブリヂストンの経営

ブリッヂストンタイヤの設立と品質問題

試作に成功した日本足袋タイヤ部は、市場調査、テスト販売、代理店網の整備に着手しました。そして、昭和六（一九三一）年三月、日本足袋タイヤ部が分離独立して「ブリッヂストンタイヤ株式会社」が設立されました（昭和十七年に敵性語*を避けて「日本タイヤ」と改称、のちの昭和二十六年に「ブリヂストンタイヤ」に改称）。資本金は一〇〇万円とし、石橋正二郎と徳次郎の共同出資で、出資割合はそれぞれ二対一となっています。

製造面の強化には、日本ダンロップから移籍した技術者たちの努力がありました。製品の品質を向上させるため、日本ダンロップからタイヤの専門技術者である鈴田正達と松平信孝を招聘しました。彼らは「日本人の資本と技術で世界一のタイヤをつくりたい」という正二郎の考えに共鳴して、入社しました。また、昭和七（一九三二）年に

日本工業倶楽部
大正6（一九一七）年、当時の有力実業家によって、日本の工業の発展を目的に創設された。経済問題などに関して調査や建議をおこない、経済団体の設立にも協力した。

団琢磨
安政5（一八五八）年、現在の福岡県福岡市に生まれる。明治4（一八七一）年、岩倉使節団に同行して渡米。大正3（一九一四）年、三井合名会社の理事長となった。

パウル・ヒルシュ……
第一次大戦中に捕虜となり、青島から久留米収容所に送られてきたドイツ人のゴム技術者。大正12（一九二三）年、正二郎の助力により解放され、日本足袋に入社した。

アメリカから輸入した当時のバンバリーミキサー。バンバリーミキサーとは、密閉室内で配合材料を加圧して混練する装置で、ゴムばかりでなく、プラスチックや塩化ビニールなどの混練にも使用される。

は、同じく日本ダンロップから諌山航五郎も入社しています。しかし、本格的にタイヤ産業に進出した同社は、生産技術の未熟さから、創業三年間で二五％もの返品に悩まされました。技師の森鉄之助は、当時の状況をつぎのように回顧しています。

「初期製作の自動車タイヤが馬力（荷馬車）に山と積まれて、どんどん帰ってくる。一足一円三〇銭の地下たびが帰ってきてさえビクビクしたものだが、一本何十円の代物だけに見ていて暗たんたる気持ちがした」

また、君島博士もこの問題について、つぎのように述べています。

「当時B・S（ブリッヂストンタイヤ…著者注）のスローガンは外国の技術から独立した国産タイヤの生産ということであったが、日本の技術水準がまだ低い時

仮工場で続けられたタイヤ試作の風景。試作には、日本足袋の各部門から選抜された約20名の従業員があたり、君島教授の推薦で入社した北島孫一が担当技師に、ヒルシュベルゲルがゴム配合を担当した。

代であった丈に、スローガンはよくとも世間の信用という点で、相当困難な立場にあった様である。これに対抗する為に品質保証責任制をとり、不良品は無料で新品に引き換える方針で進んだ為、一時返品の山を築くという困難に出会ったのである」

この品質保証のしくみは、人命に関わる製品に対する信用を重視した、正二郎の経営姿勢そのものであったといえます。正二郎は、兄である徳次郎相談役の「正二郎が余計なことをおもいついたから、金ばかりいってこまる」という発言にみられるような、石橋家内部の歩調の乱れにつきまとわれながらも、技術の向上と設備の近代化に全力をあげました。

創立直後のブリッヂストンタイヤは、国内の自動車市場を支配していた日本フォードや日本GMの要求する技術水準を満たすことができず、新車組付用として製品を供給することができませんでした。そこで、市

昭和5（1930）年4月に完成した第１号タイヤを囲んで撮影された一枚。担当した従業員たちには、ほとんどタイヤ製作に関する知識がなく、輸入機械に添付されていた仕様書を頼りに試作が進められた。

場開拓の中心は補修用タイヤにおかれ、その代理店の獲得が重要な課題となりました。

同社は、ダンロップや横浜護謨の傘下に入っていないタイヤ修理業者、タイヤ小売店、日本足袋代理店を対象に、代理店網を形成していきました。このとき、弱小の修理業者や小売店を代理店として育成する前提として、足袋商売で培った信用調査の手法が生きたのです。そして、工程の改善、設備の充実、故障の早期発見に多大の努力を重ねました。正二郎は、結果を出すことで、石橋家や日本足袋の内部にくすぶる不安や不満を解消することをめざしたのです。

昭和七（一九三二）年になると、ブリッヂストンタイヤの製品は、商工省優良国産品として認定されるとともに、日本フォード、日本ＧＭにも、新車組付用の納入適格品として認定され、製品の品質向上が証明されました。ちなみに、表7と表8は、昭和十一（一九三六）年時点における日本フォード、日本ＧＭの国内

表7　日本フォードにおける国内部品供給会社と部品名

供給者名	品　　名
ダンロップ護謨（極東）株式会社	タイヤおよびチューブ
横浜護謨製造株式会社	タイヤ、チューブ、ラヂエーターホースおよびファンベルト類
ブリッヂストーンタイヤ株式会社	タイヤおよびチューブ

注：表内の社名および部品名は、史料のとおり掲載した。
出典：経済産業省所蔵「日本フォード自動車株式会社内地注文材料、部分品名及供給者名一覧表」1936年9月5日、小金義照氏寄贈史料。

部品供給業者のリストです。

日本タイヤ協会の結成とそのジレンマ

ブリッヂストンタイヤ製品の安定にともない、日本ダンロップ、横浜護謨など先発各社は、積極的な増産・増販に乗り出しました。そのため、需給の均衡が崩れて、乱売戦が展開されることになります。昭和四（一九二九）年以降の不況のなかで生じた自動車タイヤの市価低落傾向に、さらに拍車がかかり、ブリッヂストンタイヤ発売直前に一本一二〇円だったトラックタイヤは、四〇円に値下がりしました。この影響で、自動車タイヤの輸入も激減して、輸入タイヤの減少した市場をめぐり、三社間のシェア争いが激化しました。

そこで、市場の混乱を打開するため、上記三社に東京護謨を加えた四社で、市場統制、価格協定を企図する日本タイヤ協会が、昭和七（一九三二）年に結成されました。しかし、価格協定についての意見集約が進まないうえに、ブリッヂストンに対してダンロップと横浜護謨という、二者間の意見対立が激化しました。ブリッヂストンは、自社が純国産会社であること

表8　日本ゼネラルモータースにおける国内部品供給会社と部品名

供給者名	品　名
ダンロップ護謨（極東）株式会社	タイヤおよびラバー（バルブ）
横浜護謨製造株式会社	タイヤおよびファンベルト
ブリッヂストーンタイヤ株式会社	タイヤ
大西ゴム商店	小ゴム製品

注：表内の社名および部品名は、史料のとおり掲載した。
出典：経済産業省所蔵「日本ゼネラルモータース株式会社内地注文材料、部分品名及供給者名一覧表」1936年9月5日、小金義照氏寄贈史料。

を理由に、国内市場での優先権を主張したことから、日本ダンロップ、横浜護謨が強く反発したのです。四社協定は、最終的に不調に終わりました。また、乱売戦により協会メンバーの東京護謨は、タイヤ製造の中止に追い込まれてしまいました。

その後、乱売戦をこのまま放置することもできず、昭和十（一九三五）年二月には、タイヤ販売の自主規制を目的に、日本ダンロップ、横浜護謨、ブリッヂストンタイヤの三社によって、新たに日本タイヤ協会が組織されます。協会は、タイヤ市場の安定と、タイヤ製造業の健全な発達を図ることを目的としました。そして、協会の最高執行機関である相談役には、三社から人員が派遣されました。日本タイヤ協会が制定した統制規程は、日本国内および満州国において販売する自動車タイヤ・チューブの販売割当を、基本的に各社三分の一に定めるとともに、定価表の決定、割引率の決定、不良品、キズ物の定義などにわたりました。

しかし、詳細な統制規定を設けて、タイヤ市場に一定の秩序をもたらそうという協会の意図は、実現されることはありませんでした。それは、統制規程のなかに盛り込まれていた各社百分の一五ないし二〇の超過販売を認めることと、最初の一年間の実績により次期の割当高を決めるという文言が、過度の競争を

表9　タイヤ業界における大手3社の販売実績

	販売金額 （1935・3・15〜1936・3・15）	販売本数 （1935・3・15〜1935・12・31）
ブリッヂストンタイヤ	6,849,000円（30.9%）	165,489本（32.2%）
日本ダンロップ	8,944,000円（42.5%）	204,608本（39.9%）
横浜護謨製造	5,582,000円（26.6%）	143,184本（27.9%）
合　計	21,013,000円（100%）	513,281本（100 %）

出典：ブリヂストンタイヤ『ブリヂストンタイヤ五十年史』1982年。

誘発したためです。ただし、協定成立の結果、創業間もない民族資本ブリッヂストンタイヤは、昭和十（一九三五）年の販売実績を示した表9にみるように、外資系企業の牙城を崩すことに成功したのです。

抑圧された戦時経済統制下の経営

ブリッヂストンタイヤは、昭和十二（一九三七）年、本社を久留米から東京に移転しました。そして、資本金を倍額増資して、一〇〇〇万円とします。本社の移転は、全国および海外市場を対象とするタイヤ事業の本拠地として、久留米は地理的に不適当である、との石橋正二郎の判断によるものでした。

昭和十四（一九三九）年一月、商工大臣通達により軍用以外の乗用車製造が禁止され、小型トラックの製造も制限されました。こうした事情から、自動車タイヤの生産は、普通トラック用に限られていきます。ブリッヂストンタイヤは、トラック用タイヤ生産に注力して、昭和十七年の自動車用タイヤ・チューブ販売総額のうち、九一%をトラック用が占めるという状況でした。そして、同年二月、英語の社名を変更せよという軍部の要請に応じて、ブリッヂストンタイヤは、日本タイヤへと社名を改めました。

設立時の社名「ブリッヂストンタイヤ」が記されたポスター。まず、市場と品質の調査を兼ねてテスト販売がおこなわれ、販路の確保と製品の品質に一応の見通しを得ると、いよいよ販売が開始された。

敵性語
敵対する国の言語を排斥するために用いられた言葉。日本においては、おもに日中戦争から第二次世界大戦にかけて、敵対国であったアメリカやイギリスなどで使用される英語を敵性語と位置づけて、その多くを日本語に代替した。

ブリッヂストンタイヤは、昭和十七（一九四二）年までは軍需を背景に生産を維持することができましたが、その後、原料である天然ゴムほかの資材供給が逼迫化して、翌十八年から生産は著しく低下していきました。他方で、軍部の要請に応じて昭和十四年から、航空機タイヤの本格生産を開始しています。

軍部からの指示により昭和17（1942）年に製造された、戦闘機「隼」に装着された航空機タイヤ。

昭和十二（一九三七）年の日中戦争の勃発以降に進行した経済の統制は、タイヤ工業にも大きな変化を求めました。昭和十三年七月に実施が予定されたゴムの配給統制を見越して、同年一月、日本ダンロップ、横浜護謨製造、ブリッヂストンタイヤの三社は、日本自動車タイヤ工業組合を設立します。同組合は、先述した日本タイヤ協会と協力して業務を遂行しながら、昭和十四年三月、日本タイヤ協会の解散にともなって、その業務を継承しました。また、自動車タイヤメーカーに対する公的統制機関として、生産数量の割当、地域別出荷協定、製品公定価格の設定などの業務をおこないました。

さらに、昭和十八（一九四三）年一月、ゴム統制会が設立され、組合はその業務を統制会に継承して解散します。会長には日本タイヤの林善次専務が、取締役を辞して就任しました。日本タイヤと日本ゴム（昭和十二年に日本足袋が社名を変更）から多くの従業員が統制会に転じ、その主軸となって活動しました。

ゴム統制会は、政府監督下でゴム産業の生産、原材料の需給、製品配給、価格などの統制業務をおこないました。しかし、戦局の悪化とともに、天然ゴムの輸入が逼迫して、他の原料の調達難も深刻化していきました。その後、昭和十九年四月、日本タイヤは軍需会社*に指定され、その生産責任者には石橋正二郎社長を選任します。そして、生産責任者の兼任禁止規定を受けて、日本ゴムの生産責任者には、同社の宮川三郎専務取締役を選任しました。

戦時経済統制の進展のなかで、石橋正二郎の気持ちは暗澹たるものでした。戦時統制のもとで、企業家の自由な発想と自らの才覚によってビジネスを展開していく道が、大きく狭められていったからです。このころ、正二郎の心の支えとなったのは、鳩山一郎*をはじめとした自由主義者たちとの交友でした。

軍需会社
昭和18（一九四三）年に施行された軍需会社法に基づいて、この指定を受けた会社をいう。軍需会社は、国家の指示により軍需生産に従事することが義務づけられた。

鳩山一郎
明治16（一八八三）年、現在の東京都新宿区に生まれる。東京帝国大学を卒業後、弁護士、東京市議会議員を経て、大正4（一九一五）年、衆議院議員となる。昭和18（一九四三）年には、当時の東條内閣を批判して隠遁した。昭和29年、内閣総理大臣に就任。昭和34年に没した。

ブリッヂストンの代理店の看板を掲げた当時の自動車用品店。当初、品質も信用も未知数のブリヂストンタイヤは、なかなか小売店にも受け入れられず、「足袋屋のタイヤ」と中傷されることもあった。

第三章　ブリヂストンが駆け抜けた昭和

一、二つの技術革新と流通改革による成功

レーヨンタイヤの開発と生産設備の近代化

第二次大戦の敗戦によってブリヂストンタイヤ（昭和二十六年二月に社名を復旧、ブリッヂストンをブリヂストンに改める）は、戦時補償を打ち切られるとともに外地事業を完全に失い、昭和二十年の売上高の一・六倍にも相当する約七〇〇〇万円にものぼる損害を被りました。また、東京・京橋の本社は空襲で全焼し、熊本工場も罹災しました。しかし、主力の久留米工場と横浜工場が戦災を免れるとともに、昭和二十六（一九五一）年、世界最大のグッドイヤー社*との提携交渉を通じて最新の技術を吸収したことは、戦後のブリヂストンの経営にとって大きく幸いしました。

まず、久留米工場では、終戦後まもなく復興のためのタイヤ生産が再開されました。製造設備は無傷で、戦時中に割り当てを受けていた天然ゴムなどの原料も充分残されて

グッドイヤー社
一八九八年、アメリカのオハイオ州アクロンに設立された。当初から自転車、馬車などのタイヤの製造をおこない、一九二六年には世界最大のメーカーとなった。また、昭和27（一九五二）年に日本法人として日本グッドイヤーを設立した。

レーヨンタイヤ
カーカスと呼ばれるタイヤの内側の骨格にあたる部分が、レーヨン素材の織布によって形成されているタイヤ。タイヤの受ける荷重、衝撃、充填空気圧に耐える役割を担っている。

海外工場の第1号であった中国の青島工場。昭和10（1935）年に完成した日本足袋の工場用地の一部を利用して、その翌年から自動車タイヤ、人力車タイヤ、ホースなどの生産が開始された。

おり、迅速な生産の再開が可能となりました。

つぎに、昭和二十五（一九五〇）年三月のグッドイヤー社訪問を機に、設備の立ち後れを認識した正二郎は、同社との技術提携交渉の進捗とはべつに、生産設備の近代化とレーヨン[*]タイヤへの切り換えを急ぎました。従来の綿[*]コードタイヤよりも、レーヨンコードタイヤのほうがはるかに耐久性に優れているため、世界のタイヤの趨勢は、レーヨンタイヤに代わっていたのです。耐久性とコストのうえでメリットの大きいレーヨンタイヤの開発生産によって、ブリヂストンタイヤは競争上の優位を獲得することができました。

当時、朝鮮戦争後の天然ゴム相場の暴落によって、先物手当てをおこなっていたブリヂストンタイヤは、二〇億円もの損害を被り資金難に陥りました。しかし、日本銀行の斡旋による協調融資と天然ゴム輸入手形の決済延長により、事態を切り抜けたのです。そうした苦境のなかでの大型設備投資とレーヨンタイヤへ

空襲を受ける以前に撮影されたブリヂストンの久留米工場。戦災により写真手前の丸屋根の研究室が全壊したが、工場そのものは奇跡的に戦禍を免れた。

の転換は、正二郎の賭けでもありました。給与や賞与の分割払い、大手取引先からの前払金、販売店からの融通手形を活用した資金繰りを続けるなかで、正二郎は、設備の近代化とレーヨンタイヤへの転換こそが、同社の将来を約束するものと確信していました。

この正二郎の経営判断は、みごとに的中しました。業界でいち早くレーヨンコードタイヤに転換したことは、その後のブリヂストンの躍進につながりました。また、正二郎は、設備の近代化にあたり、融資への安易な依存を排して、コストダウンを徹底する方式を採りました。

昭和二十六（一九五一）年には、グッドイヤー社との提携も成立して、同社からの人員派遣による技術指導と、グッドイヤーブランドのタイヤ生産が開始されました。ブリヂストンタイヤは、設備の近代化と業界初のレーヨンタイヤへの全面移行によって、昭和二十八年、業界首位の一〇〇億円超の売上高を記録しまし

綿コードタイヤ　カーカスが木綿の織布によって形成されているタイヤ。初期のタイヤコードには、この綿コードが用いられていた。

た。こうして同社が直面した最大の危機は、地下足袋、自動車タイヤについで三度、新製品の開発によって乗り切ることができたのです。

マーケットに支持された国産ナイロンタイヤ

昭和二十八（一九五三）年になると、石橋正二郎が二度目の外遊で得た情報を基礎に、*ナイロンタイヤの開発が始まりました。同年十二月、グッドイヤー社からナイロンコードを入手して、サンプルテストをおこない、その利点を確認しました。レーヨンタイヤに比べてコードの使用量も約六〇%、バーストなどの故障も少なく、耐久性に富んでおり、とくに、重荷重もしくは長距離輸送向きであることなどが、その利点でした。

数年間の試作研究を経て、ナイロンタイヤの評価も定まりました。タイヤ用ナイロンコードの供給がアメリカからの輸入に依存していたため、ナイロンタイヤの生産増加とともに、ナイロン原糸を自社内で、ナイロンコードに処理する必要が生まれました。具体的には、まず、ナイロンコード用原糸が大量に安定供給さ

昭和24（1949）年に来日したグッドイヤーのリッチフィールド会長と石橋正二郎。

レーヨンタイヤ時代のトラック・バス用のタイヤのパンフレット。

れること、つぎに、ナイロンコードをタイヤに使用できるよう処理する、ディッピング（コードとゴムとの接着力およびコード物性を向上させるため、コードをラテックス液に浸漬したのち、乾燥、熱処理する工程）装置を設備することが不可欠でした。

アメリカをはじめとする外国のタイヤメーカーは、タイヤコードに*デュポン社が特許を所有するナイロン66を使用していました。しかし、ナイロン原糸を安く大量に調達するためには国産化が急がれ、*東洋レーヨンが独自に開発したナイロン6を、タイヤコードに使用できるよう改良することが必要でした。そして、東洋レーヨンとの共同研究の末、これに成功したブリヂストンタイヤは、同社からタイヤ用ナイロンコード原糸の全量買取契約を結びました。

さらに、ディッピング装置については、グッドイヤーが開発した最新鋭3Tマシン（ブリヂストンはHigh Tension Machineから「HTマシン」と名づけた）の購入を決め、昭和三十三（一九五八）年六月、新設された久留米第二工場に据え付けられました。設置一切に約一〇億円もの巨費が投じられ、一日に七万メートルものナイロンコードを自動処理できる体制が整えられたのです。

ナイロンタイヤ
カーカスがナイロンの織布によって形成されているタイヤ。

表10　自動車タイヤ6社のシェアの推移

（単位：％）

	1939年	1950年	1955年	1960年	1964年	1966年	1967年	1969年	1974年
ブリヂストン	30	31	33	35	48	49	45	46	48
横浜ゴム	28	35	30	28	25	25	25	25	23
住友ゴム	42	21	19	15	9	9	9	10	10
東洋ゴム	—	7	10	10	9	8	11	11	12
オーツタイヤ	—	4	5	6	5	5	5	4	4
日東タイヤ	—	2	4	9	4	4	5	4	4

注：横浜護謨製造は、昭和38（1963）年に「横浜ゴム」となり、日本ダンロップ護謨は、同年に経営権を住友系に譲渡して「住友ゴム工業」となった。
出典：太田登茂久『ゴム業界』教育社、1976年。

昭和三十四（一九五九）年三月、本格的に販売に移されたトラック・バス用HTナイロンタイヤは、大好評をもって消費者に受け入れられます。先にみたナイロンタイヤのメリットとあわせて、タイヤが軽量になることで燃費の節減効果は高まり、タイヤそのものがやわらかく乗り心地がよいこともあって、乗用車用も早急にナイロンタイヤに切り替わっていきました。

積極的な設備投資と技術革新は、自動車産業の成長過程とタイミング的にも符合して、大幅なシェアの向上に結びつきました。それは、戦前の昭和十四（一九三九）年から戦後の昭和四十九（一九七四）年にいたる、自動車タイヤ各社のシェアの推移を示した表10からも、読みとることができます。

モータリゼーションと流通の系列化

一九五〇年代を迎えると、自動車生産の伸びは著しく、昭和二十五（一九五〇）年の三万二〇〇〇台から二十八（一九五三）年の五万台を経て、三十一（一九五六）年には一一万一〇〇〇台へと増加しました。そして、ブリヂストンタイヤでは、タイヤ需要の伸びに対応して、最大のマーケットである東京地区に、新工場を建設する決定がなされました。

BRIDGESTONE
"U-LUG"
80％のヒミツ
ナイロンコードのタイヤが発売されて　その強さが　いまさらのように話題になっています　とくにブリヂストンが好評で　日本のナイロン・タイヤの80％を受持っています
というのは　すべての面ですぐれているナイロンが持つ　ただ一つの難点〈伸び〉を　独自のＨＴマシンで解決しているからです
タフに走り続け　いつまでもイタまず　軽く　乗心地が良い……というタイヤに求められるあらゆる条件を満足させてくれる最高のタイヤです
ブリヂストン H.T.NYLON
ナイロンタイヤ
BS ブリヂストンタイヤ株式会社

当時のナイロンタイヤの広告。ナイロンコードの処理設備である最新鋭のディッピング装置は、正二郎が昭和31（1956）年に渡米した際に購入したもので、ブリヂストンでは「ＨＴマシン」と名づけられた。

昭和三十二（一九五七）年二月から調査が始まり、東京工場の敷地として、小平町（現在の東京都小平市）にある旧陸軍兵器補給廠跡地が選定されました。総面積五七万三五二五平方メートルの新工場敷地には、生産施設、研究所、社宅ほか厚生施設がレイアウトされ、生産施設は、精錬から圧延、成型、加硫*を経て仕上げ、検査へと流れ作業を効率的におこなえるように設計されました。これは、流れ作業に不適切な複数階の久留米工場を教訓としたものです。昭和三十五（一九六〇）年三月から本格生産を始めた同工場では、三十七年までにトラック・バス用タイヤ、軽トラック用タイヤ、乗用車用タイヤのほか、超大型タイヤの生産も始まりました。

生産体制の整備とあわせて、販売活動の強化も重要な課題でした。昭和二十五（一九五〇）年に自動車タイヤの販売統制は解除され、自由販売が復活しました。一九五〇年代前半までは、おもにトラック・バス用タイヤを支店外務員と代理店セールスマンが協力して、運輸会社、バス会社に売り込むという販売手法でした。しかし、自家用乗用車タイヤの需要がしだいに増加して、大量生産体制も整備されるにしたがい、従来の販売体制では実情にそぐわなくなっていました。量産されたタイヤを従来の法人相手だけでなく、一般の乗用車ユーザー相手にも、大量に流通させる体制づくりが求められていたのです。

そこで、ブリヂストンタイヤでは、販売店の系列化が進められました。同社の製品の

デュポン社
一八〇二年、フランス出身のエステール・イレネ・デュポンにより、火薬製造会社としてアメリカで創業した化学メーカー。南北戦争により業績を伸ばし、のちに合成ゴム、ナイロン、テフロンなど、さまざまな新素材を開発した。アメリカを代表する巨大複合企業となっている。

東洋レーヨン
大正15（一九二六）年、レーヨンの国内生産を目的として、三井物産の出資により設立された。昭和16（一九四一）年、独自技術によりナイロン6を開発。昭和26年には、デュポン社とナイロンに関する技術提携もおこなわれた。昭和45年、現在の東レに改称した。

昭和35（1960）年に撮影された東京工場。最終的には、福利厚生施設として、病院、幼稚園、体育館、野球場、テニスコート、プールなども建設された。

石橋正二郎自筆による東京工場配置スケッチ

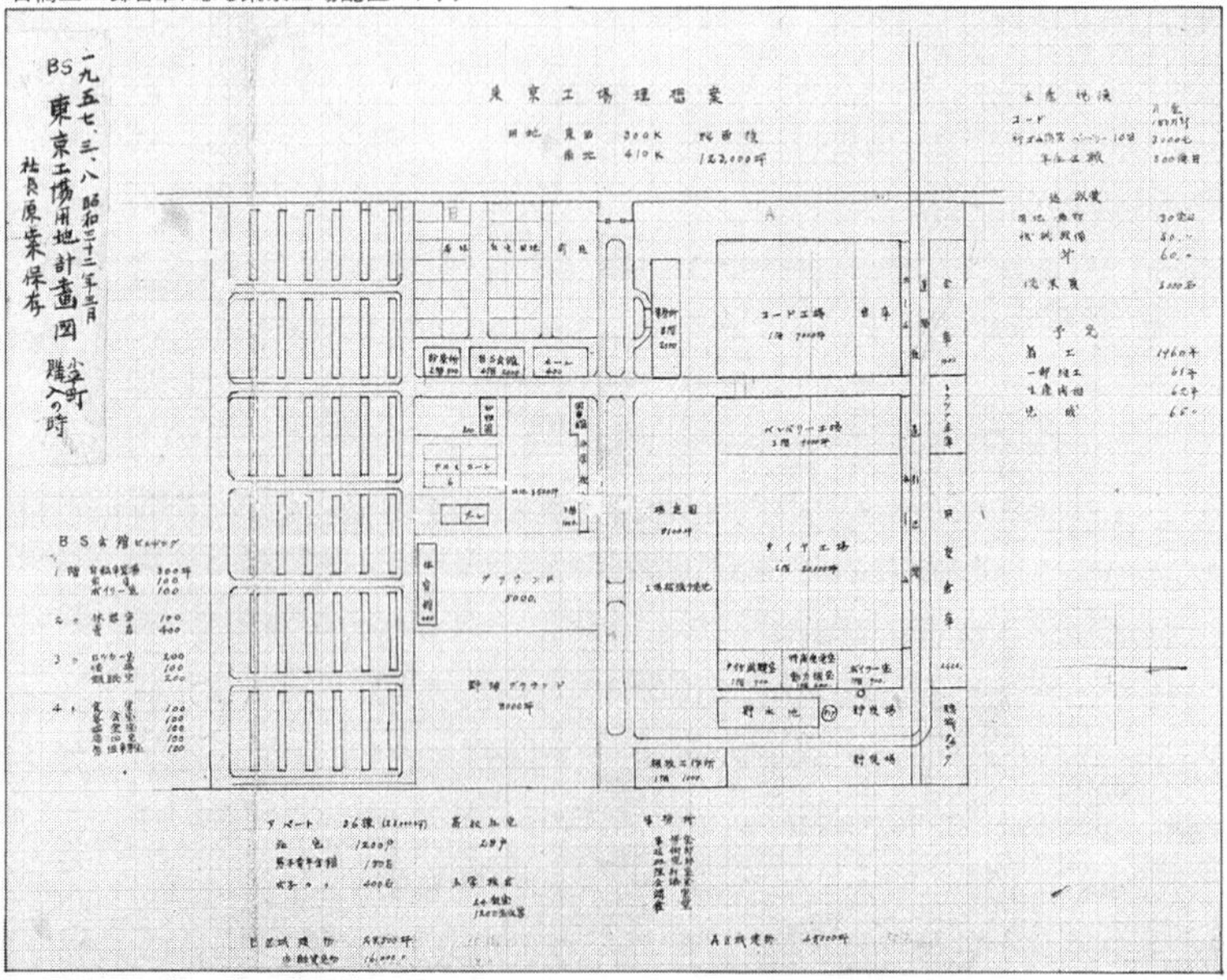

石橋正二郎の自筆による東京工場の配置スケッチ。正二郎は、用地中央に東西一直線に伸びる道路を引き、道路の北側を生産施設に、南側を研究所、社宅などの福利厚生施設の用地としてあてることにした。

加硫
生ゴムなどを加工する際に、弾性や強度を確保する目的から硫黄などを加える工程のこと。

みを扱う専売店を確保して、販売見込量を正確に把握することで計画的な生産を実現するとともに、とくに代理店の体質改善を進めたのです。戦前から小規模で、戦時期の統制を経て無力化していた代理店の体質を改善させるために、資金援助と経営指導がおこなわれました。具体的には、代理店の系列化に際して、資本参加と役員派遣という手段が採られたのです。

結果、昭和三十一（一九五六）年から三十八（一九六三）年にかけて、五〇％以上を出資した代理店が六社から三六社に増加して、ほぼ全国を網羅することになりました。代理店に対しては、運転資金の貸付から機動力強化のためのライトバンの配車にいたるまで、きめ細かい強化策がとられる一方、代理店監査を徹底することで経営指導を強化しました。そして、これらの施策により、資金力や販売力に問題のある代理店は、淘汰されていきました。自動車タイヤ代理店の資本金規模でみると、昭和三十一年には五〇〇万円以下のものが代理店の約七四％を占めていましたが、昭和四十（一九六五）年には一〇〇〇万円を超える代理店が八五％を占めるまでになりました。

ブリヂストンタイヤでは、卸売段階の改革とならんで、小売段階の改革も進められました。従来、小売段階に位置していたのは、タイヤの修理をおこなう小規模店でした。これらは、成長する市場に比して店舗数も少なく、駐車スペースも持たないありさまで、顧客に対するサービスもままなりません。そこで、二度のアメリカ留学で確信を得

昭和33（1958）年ごろの直系代理店。製造技術のレベルの高さに比べて、立ち遅れた状態にあった販売力の向上をめざして、小口需要家と自家用車に販売活動の重点が置かれるようになっていった。

た石井公一郎（のちのブリヂストンサイクル社長）の進言を契機に、ガソリンスタンド（以下、ＳＳ＝サービスステーションの略）におけるタイヤ販売が検討され、昭和三十二（一九五七）年二月、[*]ゼネラル物産との契約締結を皮切りに、新しい販売チャネルにＳＳが活用されることになりました。

さらに、小売段階にはタイヤ修理店を基盤に、戦後になって専業店に転換したものも存在していました。しかし、その出自からもうかがえるように、小売店としての意識が希薄で、販売努力の面では大きな問題を抱えていました。そこでブリヂストンタイヤは、タイヤ専業店の小売店意識を盛り上げて、顧客の入りやすい店舗づくりに協力しました。昭和三十二年以降、専業店の店頭に掲げられた統一看板やネオンサインは、販売促進と、ブリヂストンタイヤと専業店との結合強化に貢献したのです。

ゼネラル物産
昭和22（一九四七）年、石油製品の販売、輸入を目的として設立された。昭和42年、ゼネラル石油に改称。平成12（二〇〇〇）年、東燃と合併して東燃ゼネラルとなった。

GHQ
正確にはGHQ／SCAP、連合国最高司令官総司令部。

旭製鋼所
昭和16（一九四一）年、タイヤ製造に必要とされる金型やゴムを加工するための機械などの製作を目的に、ブリッヂストンタイヤと日本ゴムによって設立された。

二、石橋正二郎における経営者としての真価

戦後の労働争議と日本タイヤの独立

昭和二十（一九四五）年十二月、日本で初めて労働組合法が成立したのと前後して、GHQ*の民主化政策を背景に、数多くの労働組合が結成されました。翌年の組合員数は五百万人にも迫る勢いで、推定の組織率は四二％に達しています。

昭和二十一年一月、日本タイヤの組合結成創立総会が開催されましたが、招待者は会社幹部に限定しておこなわれた点が、当時としては異色でした。外部からの圧力や影響を受けない企業組合として創設されたという事情を反映して、労働組合ではなく「従業員組合」という名称を冠しました。同年三月には、日本ゴム、旭製鋼所*の組合とともにアサヒ従業員組合連合会が結成されました。ただし、創立時の組合の労使協調路線は、時間とともに変質して、イデオロギーを基礎とした過激な政治運動に結びついていきます。闘争路線に転換した組合の要求は、人事権への介入にまでおよび、会社側との対立は決定的になったのです。

日本タイヤおよび各社は、昭和二十二（一九四七）年二月のストライキ突入から三月にかけて、四十六日間ものストを経験することになりました。しかし、この間の正二郎

アサヒ従業員組合連合会のデモ隊。労使による折衝はやがて決裂の道をたどり、組合連合会は、昭和22（1947）年1月30日にストライキを宣言、2月2日からストに突入した。

の態度は一貫しています。会社の人事権は経営権の基本である、さらに、スト中の賃金は支払わない、という方針を貫きました。やがて、長期ストで困窮する組合員が続出して、しだいに組合側も冷静さを取り戻していきました。多くの組合員は、政治的な闘争と組合本来の目的との乖離に、気づき始めたのです。

正二郎は、スト中に生活に困窮した組合員の事情を考慮して、救済金を組合に支給すると同時に、組合側の体面も保てるようなかたちで、妥結に持ち込みました。その後、労使協調の実をあげるべく、正二郎は、従業員の福利厚生にそれまで以上に注力していくことになります。

ＧＨＱの戦後改革は、日本ゴムと日本タイヤの経営にも、直接、影響を与えつつありました。*財閥解体措置の一環として、日本ゴムと日本タイヤを支柱とする石橋家の事業が地方財閥とみなされて、解体措置の対象になることが必至だったのです。

従業員をまえに労使の和解を発表する石橋正二郎。昭和22（1947）年3月19日、正二郎の新労働協約の調印によって、46日間におよぶストライキはようやく終結した。

昭和二十二（一九四七）年四月に公布される独占禁止法の実施をも見越して、正二郎は兄の徳次郎、弟の進一とも協議を重ね、二十二年二月二十日をもって、日本ゴムと日本タイヤの完全分離を断行しています。石橋三兄弟は、徳次郎、進一両家が保有する日本タイヤ株式二十一万三三三〇株と、正二郎家が保有する日本ゴム株式十八万五七八八株を交換しました。そして、十月に日本ゴム社長を辞任した正二郎の後任には永田清が選ばれ、会長には引き続き徳次郎が就任しました。

十七歳で家業を継いでから、四十年もの長きにわたって経営に関ってきた正二郎は、日本ゴムとの関係を断つことになりました。二社の完全分離に際して、日本タイヤを選んだ理由について、正二郎は、長男の幹一郎につぎのように話しています。

「タイヤの仕事は、兄さんの反対を押し切って始めたものでたいへん苦労もし努力もしてきた事業だ。履物のほうは兄さんとともに始め、育ててきたが、事業は安定していて、経営もそれほど困難とは思えない。タイヤは、これからも非常に難しい事業だと思うので、私はタイヤを選んだ」

家業の安泰を願う兄の徳次郎との確執を経て、タイヤ事業に乗り出した正二郎は、戦後、国内自動車メーカーが自動車生産を軌道に乗せることに苦心して、自動車産業不要論さえ取り沙汰される状況のもとで、自らタイヤ事業の行く末に責任を持つことを選んだのです。

ブリッヂストン自転車の設立と悪戦苦闘

戦時中、佐賀県の旭工場において軍用航空機の車輪製造を手がけたブリヂストンタイヤは、戦後、同工場を自転車の車体製造拠点に転換しました。それは、石橋正二郎の念願である自動車製造への足がかりとなるものでした。

昭和二十一（一九四六）年七月、臨時株主総会によって定款が変更されました。それまでの「航空機部品の製造販売」に代わって「自転車の製造販売」を営業目的に加えたのです。そして、同年八月から、自転車のフレーム、ハンドル、ハブ*、ペダルの試作が

財閥解体
日本における軍国主義の経済的基盤とみられた財閥の縮小および排除を目的にして、GHQによる占領政策の一環として昭和20（一九四五）年から実施された。

ハブ
自転車のハブとは、車輪の中心部にあってスポークを取りつける回転体。

リム
自転車のリムとは、その外側にチューブおよびタイヤのつく車輪の骨格。

団伊能
明治25（一八九二）年、団琢磨の長男として生まれる。実業家としてばかりでなく、貴族院議員や参議院議員も務めた。

自転車製造に転換した旭工場の内部。戦時中の旭工場は、航空機製作所の名称で軍用機の車輪を製造、約800名の従業員を抱えていた。当初、自転車の製造には、この雇用の維持という目的もあった。

開始されます。また、自社製のタイヤ・チューブ以外のチェーン、リム*、スポーク、サドルおよび付属品などが外注されました。こうしてブリヂストンタイヤは、自転車の最終組立をおこなったのです。しかし、歴史の古い自転車産業に、にわか仕立てで参入しても、既存の企業との技術力と生産性の格差は、埋めるべくもありませんでした。

ブリヂストンタイヤは、苦境を打開するために、フレームのパイプの組み立て方に改良を加えました。ダイカストマシンをフレーム組立に応用して、量産化と性能の向上に結びつけたのです。そして、昭和二十四年十月、資本金五〇〇〇万円のブリッヂストン自転車（昭和二十六年二月にブリヂストン自転車に社名変更）として分離独立して、初代社長には団*伊能が就任しました。

分離独立後、統制撤廃にともなう競争の激化、ドッヂ*不況による需要減退と原材料費の高騰、後発メーカーとしての経験不足など、多くの悪条件のもとで経営は不振を続けました。期待されたダイカスト*フレームは、量産に移行すると材質と

ドッヂ不況
昭和24（一九四九）年に実施されたGHQのドッヂ・ラインにより、デフレが進行して引き起こされた経済不況。

技術の不適合により不具合を引き起こしました。さらに、後発メーカーとしての販売力の脆弱さも露呈します。売掛金、未収金の焦げつきにより、昭和二十七年には二億円近い欠損を出してしまったのです。

ブリヂストン自転車は、人員整理とともに、販売業務をブリヂストンタイヤに委譲して、昭和二十八年七月には二億円から二〇〇〇万円へ、減資を断行しました。さらに、団伊能社長を残して、石橋正二郎会長をはじめ全役員が交代することで、再出発を切りました。ブリヂストン自転車は生産に専念して、ダイカストフレームの改良に全力を注ぎました。強靭なダイカストフレームの製造に成功するにおよんで、ようやく昭和二十九（一九五四）年ごろから経営は安定をみます。しかし、ブリヂストン自転車の知名度は、山口*、宮田、丸石*などのブランドに比べるときわめて低く、昭和二十九年のシェアで、三・二%を占めたに過ぎませんでした。

ダイカストフレーム。戦時中の日本ゴムが、防毒マスクの製造に使用していたダイカストマシンをフレーム作りに応用して開発された。

オートバイ事業への進出と挫折

昭和18（1943）年、佐賀県三養基郡旭村（現在の佐賀県鳥栖市）に完成した旭工場は、ブリヂストンサイクルの生産拠点の一つとして、現在まで稼働を続けている。

当時、ブリヂストン自転車では、原動機付自転車の開発も進められていました。そして、昭和二十七（一九五二）年一月には、富士精密工業製[*]の小型ガソリンエンジン（二サイクル、二三CCおよび三三CC）を搭載した自転車「バンビー号」を発売しました。自動車はもちろん、本格的なオートバイさえ高嶺の花であったこの時期、先行して本田が発売していた原動機付自転車は、好評を博していました。戦後の復興期にあたり、輸送のニーズは、増加の一途をたどっていたのです。ただし、バンビー号は、耐久性に問題があり、取り扱いも素人には煩雑なため、五カ月ほどで販売を中止しています。

その後、同年十一月に生産を始めた三一型（富士精密工業製の三八CCエンジン搭載）が市場に受け入れられると、のちの四一型と合わせて、ブリヂストン自転車は、シェアを増大させていきました。昭和二十七年、二十九年、三十一年のシェアも、それぞれ一〇・

一%、一九・六%、三〇・四%と、着実に伸びています。しかし、一九五〇年代後半になると、五〇CC以下の補助エンジン付自転車は、一二五CC以下の完成車に押されて、その販売は停滞していきます。それは、排気量のわりに高価であり、昭和三十三年の交通法規の改正で、両者とも法規上同じ取り扱いとなって、無免許制の利点を失ったことが大きな理由だったのです。

一方、ヨーロッパで人気のあったモペット（五〇～六〇CCの小型エンジン付二輪車）が、日本でも売れ行きを伸ばしつつありました。その先鞭をつけたのが、昭和三十三（一九五八）年に本田技研工業が発売した「スーパーカブ」でした。石橋正二郎は、こうした業界の流れに沿うかたちで、モペットに乗り出す決意を固めます。

しかし、完成車よりも補助エンジンの研究に重きをおいた結果、ブリヂストン自転車は、モペットの先発メーカーに遅れをとることになりました。また、最初に発売した「チャンピオン1型」が不人気で、故障も多発して、昭和三十五（一九六〇）年には生

富士精密工業が開発した小型ガソリンエンジン「ＢＳモーター」を搭載したブリヂストン自転車。

ダイカストフレーム
アルミニウム合金や亜鉛合金などを溶解して、圧力をかけて金型に流し込むことで、精密な鋳物をつくるダイカスト鋳造法

によってつくられたフレームのこと。

産中止に追い込まれました。この間、エンジン製造を担当していた富士精密工業は、自動車生産に専念するためモペットから手を引くことを明らかにし、昭和三十四年九月、ブリヂストン自転車がモペット生産を、ブリヂストンタイヤが販売を、富士精密工業が技術協力を、それぞれ担当することになりました。

ブリヂストン自転車は、昭和三十五（一九六〇）年四月から、新設の上尾工場で「チャンピオン2型」の製造を始めます。しかし、モペット生産に不慣れなまま量産を急いだ結果、性能に問題を抱え、その生産を断念しました。また、同年十月にブリヂストン自転車は「ブリヂストンサイクル工業」と改称、翌年から「チャンピオン3型」「ホーマー50」「ブリヂストン90」「ブリヂストン180」と、あいついで新機種を投入したものの、成果をあげることはできませんでした。

ブリヂストンは、自らの社史のなかで「当社グループのオートバイ業界参入の立遅れと参入時点での挫折による商品イメージダウンは後を引いた。補修上の問

ブリヂストンが初めて発売したモペット「チャンピオン１型」は、昭和33（1958）年10月に発表され、翌年の2月から生産が開始された。

エンジンが涼しい顔をしている…
冷却ファンの効果満点
これで五〇ccエンジンかとビックリする 素晴らしい登坂力とスピードです 速度が出るほどエンジンを冷やすファンが付いているので 山道もトップで楽に上がります
乗心地はゴム会社のお家芸
日本最大のゴム・メーカーの製品です 低い重心 理想的なニーグリップと柔かい「ゴムリング」は マネのできない乗心地 滑るように悪路を飛ばせます
ブリヂストン
チャンピオン2型
ブリヂストンタイヤ株式会社
新発売！
全国統一価格 49,800円

「チャンピオン２型」は、昭和35年4月に新設されたブリヂストン自転車の上尾工場（埼玉県上尾市）で生産された。

題はなお残り、不評は後を絶たなかった」と、的確に原因を指摘しています。一九六〇年代を通じて、本田技研工業、鈴木自動車工業、ヤマハ発動機*の三社による寡占体制が構築され、ブリヂストンサイクル工業は、しだいに窮地に追い込まれていったのです。

ブリヂストンサイクル工業（昭和五十一年にブリヂストンサイクルに改称）が手がける自転車とオートバイという二つの事業には、大きな溝が生まれていました。自転車部門では、フレーム技術の高さに対して各種の賞が贈られ、工場も優良工場として通産大臣賞を受賞、業績も順調でした。一方、オートバイ部門は、極端な不振を続け、企業イメージや内部の士気にも影響しかねない状態でした。そこで、オートバイ事業の将来性を検討した結果、昭和四十一（一九六六）年十一月、オートバイ部門からの撤退が決定されたのです。

正二郎とプリンス自動車工業

自動車タイヤの製造に成功したのちの石橋正二郎の

夢は、自動車事業に乗り出すことでした。正二郎と自動車事業の関わりは、昭和二十四（一九四九）年一月、東京電気自動車*（同年十一月、たま電気自動車へ改称）の取締役会長に就任したことから始まります。その後、たま電気自動車がガソリン車に乗り出した際、ガソリンエンジン製作を富士精密工業に依頼したのを契機に、昭和二十六年四月、日本興業銀行から五五〇〇万円の株式を譲り受けて、富士精密工業の取締役会長に正二郎が、社長にはブリヂストンタイヤの団伊能が、それぞれ就任しました。

同じ石橋系列のもとで、たま電気自動車と富士精密工業のガソリン車開発は、進展しました。昭和二十六（一九五一）年十一月、一五〇〇CCエンジンを搭載したガソリン・トラック「プリンス」が誕生すると、翌年の二月には乗用車も完成しています。そして、昭和二十九年四月には両社が合併して、新生「富士精密工業」が誕生しました。なお、合併をまえに共同出資の販売会社、プリンス自動車販売も設立されました。

昭和三十二（一九五七）年四月に一五〇〇CCエンジン搭載の新型乗用車「スカイライン」を、昭和三十四年一月には一九〇〇CCの乗用車「プリンス・グロリア」を発売した富士精密工業は、技術レベルの高さを内外に実証しました。そして、昭和三十六年二月、富士精密工業は「プリンス自動車工業」に社名を変更したのです。

一九五〇年代後半の中核的市場である一五〇〇CCクラスに焦点を合わせ、ハイヤー・タクシー業界に食い込んだ富士精密工業は、一九六〇年前後には新たに生まれた法

山口
山口自転車工場。大正3（一九一四）年から昭和38（一九六三）年に存在した自転車およびオートバイの製造会社。

丸石
明治33（一九〇〇）年に自転車の輸入を開始した石川商会が、のちに丸石商会となり、昭和36（一九六一）年、丸石自転車となった。現在の丸石サイクルの源流にあたる。

富士精密工業
多くの軍用機を生産した中島飛行機が、終戦後、GHQにより数社に解体され、その流れのなかで誕生した一社。石橋正二郎は、昭和26（一九五一）年に同社の株を買収して会長に就任した。

たま電気自動車（1947年）。敗戦直後の石油不足と電力供給力の充実という時代背景から開発された。最高速度は35km/hであったが、１回の充電で96kmの走行距離を記録、タクシーとしても使用された。

プリンス セダン デラックス（1954年）。たま電気自動車と合併する以前の富士精密工業で生産された。おな、ブランド名となるプリンスは、明仁親王（今上天皇）の立太子礼にちなんで命名された。

人用と自家用のニーズをつかむために、一九〇〇CCクラスの製品を開発、投入しました。そして、こうした戦略により、短い期間に業界で一定の地位を確立することに成功したのです。自動車産業における後発メーカーであり、脆弱ともいえる販売力をカバーするには、同社の源流にある航空機生産で培った技術を中心とした製品づくりが、指向されていきました。

「日本のベンツ」をめざした経営と撤退

プリンス自動車工業は、その技術力と卓越した企画力により、高級車路線に注力して、スカイラインとグロリアのデラックス化を進めました。しかし、一九六〇年代半ばの不景気を反映して、法人需要に依存した中型車グロリアの販売は、急減していきます。さらに、トヨタや日産の競合車に、小型・中型の双方のクラスでシェアを奪われてしまいました。プリンスでは、技術中心の商品開発に傾斜して「優れたものであれば売れないほうがおかしい」という考えのもとに、高性能化にのみ関心を向け、ユーザー・ニーズの変化や販売力の強化という点については、ほとんど注意が払われていませんでした。

モータリゼーションが緒についたばかりのこの時期、市場の中核である一五〇〇CC

ヤマハ発動機
昭和29（一九五四）年にオートバイの製造を開始した日本楽器製造（のちのヤマハ）が、その翌年に二輪車部門を独立させて設立した。現在では、モーターサイクル事業を中心に、ボート、スノーモービル、ゴルフカー、電動アシスト自転車など、多岐にわたり事業を展開している。

東京電気自動車
大正13（一九二四）年に設立された石川島飛行機製作所が、のちに立川飛行機となり、敗戦後、その従業員を中心に設立された。のちに、たま電気自動車となり、たま自動車と改称した。

スカイライン デラックス（1957年）。プリンスセダンの後継車として開発された。当時としては国内最速の125km/hを記録して、のちにモータースポーツの世界で数々の栄光に輝いた。

クラスと、それより上のクラスへの製品集中というプリンスの方針は、新規の免許取得者を対象にエントリー・カーを用意しながら、しだいに上級車へ導入していくというトヨタの戦略に比較すると、時期尚早でした。プリンスは、セールス・ポイントに「技術」を高く掲げ、あくまで高級車路線を貫く経営に終始しました。その結果、一九六〇年代半ばの不景気が、同社の経営に大きなダメージを与えました。販売力に勝る競合他社の製品のまえに劣勢を余儀なくされ、プリンスの経営は大きな岐路に立たされることになったのです。トヨタや日産とは一線を画して「日本のベンツ*」をめざしたプリンスの経営は、個人の自家用というニーズが拡大する時代にあって、それらのニーズから乖離していくことになったのです。

このような事態を受けて、正二郎の経営判断は、きわめて迅速なものでした。技術偏重の企業風土を、短期に改革することの困難さをみてとった正二郎は、プリンスの経営不振が長期化するまえに、早い段階での「名誉ある撤退」を選択しました。正二郎は、当時の桜内義雄通商産業大臣に仲介役を依頼し、開

プリンス グロリア スーパー6（1967年）。昭和37（1962）年に発表された2代目グロリアのS40型は、日本の高級車のあるべき姿を提示した意欲作。写真のS41型は、その上位レベルにあたる。

放経済のもとでの国際競争力の強化に協力するというかたちで、日産自動車に吸収合併させることを企図したのです。

日産自動車とプリンス自動車工業の合併は、昭和四十一（一九六六）年八月に実現しました。これは、プリンス発行株式の二〇％を所有する石橋一族にとって、国家的な要請に協力するというかたちをとりながら、プリンスの実力が評価されているうちに売却することで、大きな痛手を被ることなく「名誉ある撤退」が可能となるという大きなメリットがありました。また、七十六歳の正二郎にとって、ブリヂストンタイヤの社長を務める長男・石橋幹一郎[*]の重荷を取り除くことでもありました。ただし、結果として正二郎は、念願の四輪車事業から手を引くことになったのです。

社長交代人事にみる正二郎の経営思想

昭和三十六（一九六一）年五月一日、ブリヂストンタイヤの株式は、東京と大阪の証券市場で店頭銘柄として公開されまし

日産自動車とプリンス自動車工業の合併発表。プリンスの従業員、工場、販売網ばかりでなく、クリッパー、マイラー、ホーマー、ホーミーといった自動車ブランドも日産自動車に引き継がれた。

た。石橋正二郎は「各部門取扱品の拡売に対応して、生産設備にも多額の投資を必要といたしますので、自己資本の充実、資金調達の円滑化等を考慮し、将来の長期計画のため」に公開したと述べています。つまり、石橋家の財力や内部資金に重点を置いた財務政策だけでは、巨額な設備投資資金を必要とする事業の推移にもはや対処できず、財務比率の健全性を貫くためにも、公開による自己資本の充実が不可欠でした。また、大企業の株式を一家族だけが封鎖的に所有することへの社会的な批判に応えることも、意識されていたのです。

昭和三十八（一九六三）年二月、七十四歳の正二郎は、取締役社長の地位を四十三歳の長男・幹一郎副社長に譲り、取締役会長に就任しました。同年の資本金は八〇億円、売上高六一三億三〇〇〇万円、従業員数九五八〇人でした。この社長交代の目的は、正二郎が健康で、会長就任後も強いリーダーシップを発揮し続

石橋正二郎（左）と幹一郎。株式公開から２年後の昭和38（1963）年、長男の幹一郎を取締役社長にした正二郎は、代表権のある取締役会長に就任した。

けたことを考えれば、幹一郎の社長就任それ自体にあったと考えられます。

昭和四十八（一九七三）年五月、病気と老齢のため、八十四歳の正二郎は引退します。そして、幹一郎が会長に、柴本重理副社長が社長にそれぞれ就任しました。正二郎は、自らの引退に際して長男の幹一郎を社長から会長に就任させ、社長に石橋同族外の専門経営者を据えたのです。幹一郎は、社長在職わずか一〇年、五十三歳の若さで会長に就任しました。

この人事についてはさまざまな憶測がありますが、つぎのような推測がもっとも説得力を持っているように思われます。それは、幹一郎のきわめて高潔で温厚な人柄が、厳しいビジネスの世界で冷徹な経営判断を強いられるトップ経営者としては物足りない、という正二郎の判断があったというものです。また、のちに幹一郎自身、つぎのように述べています。

ベンツ
メルセデス・ベンツは、一九二六年のベンツ社とダイムラー社の合併によりドイツで誕生したダイムラー・ベンツ社のブランドであり、品質に優れた高級車の代名詞となった。なお、同社はアメリカのダイムラー社と合併したのち二〇〇七年に関係を解消して、現在のダイムラー社と改称した。

石橋幹一郎
大正9（一九二〇）年、石橋正二郎の長男として福岡県久留米市に生まれる。東京帝国大学を卒業したのち海軍経理学校に進んで、昭和20（一九四五）年に日本タイヤに入社した。妻の朗子は、団伊能の長女。平成9（一九九七）年に没した。

「わたしが社長になったときの役員さんの年齢は、平均十歳上の重役さんばかりで、わたしのいうことなど聞いてもくれませんし、信用もしてくれないのです。ということは理論的にいうと『企業としての総合管理体制の基本がくずれている』ということです。社長の示す方針が徹底しないということなのです。会社は、社長の方針に随って、全社員が一丸となって、団結、邁進するものです。これがそうはいかないのです。創業者のときは方針がいきわたり、つぎの社長からいきわたらないのでは困ります。会社としては、ワンマン（創業者・正二郎）の元気なうちに脱皮する必要があったのです。人ではなく、職制にともなって動く管理体制に」

正二郎は、会長職に幹一郎を据えることで、ブリヂストンタイヤに対する石橋家のコントロールを確保しておく、という手立てを講じました。加えて、新社長に柴本を就任させた理由としては、昭和二十二（一九四七）年以来の取締役で、常務、専務、副社長と順調に昇格してきたキャリアを持ち、六十四歳という年齢も正二郎の眼鏡に適った、ということが考えられます。そしてなによりも、柴本は、創業者の正二郎に対して唯一苦言も呈することのできる人物でした。

正二郎は、柴本の経営者としての力量を見抜いていました。ただし、正二郎の引退時には、取締役会メンバーに石橋家の一族・縁者がいました。それは、幹一郎をべつにし

昭和48（1973）年に発表されたトップ交代人事。写真の左奥から石橋幹一郎、正二郎、柴本重理。正二郎は、社長として32年、会長として10年の歳月を費やして、世界のブリヂストンを築き上げた。

て、副社長の成毛収一（正二郎の次女の夫）、常務の平川健一郎（正二郎の甥）と石井公一郎（正二郎の四女の夫）の三人でした。彼らは三人とも、長年、社内の実務に携わりながら昇進を果たしてきた有能な人材でした。つまり、四十歳の石井を除くと、五十三歳の成毛と五十六歳の平川は、社長候補になり得たと思われます。

しかし、石橋正二郎が考える経営者としての資格に、血縁関係は重きをなしていないように思われます。タイヤ工業進出をめぐる兄・徳次郎との確執、戦後の徳次郎・正二郎両家の事業の分離、幹一郎の社長退陣などの出来事が、それを如実に物語っています。志まやという家業を継承した正二郎の事業は、もはや公器として社会に貢献する存在に変化していました。正二郎は「世のため人のために」という経営理念に、判断の基準をおいたのです。

第四章　石橋正二郎とブリヂストン

一、石橋正二郎が展開した企業家活動

正二郎が創出した成功のパターン

すでにみたように、石橋正二郎の事業は、仕立物屋―足袋―地下足袋―ゴム靴―タイヤへと展開してきました。そして、そこに一貫していたのは、正二郎の「産業報国」という考えに裏づけられた先見性でした。とくに、地下足袋生産に乗り出して以降、消費者の利益を追求するという考えに加えて、国民経済への配慮を口にするようになりました。つまり、地下足袋やゴム靴の生産が増大することと、天然ゴムや綿花の輸入量が増大して国際収支に及ぼす影響が大きくなることを、正二郎は同義と捉えていたのです。正二郎は、国際収支の改善に貢献するため、事業の国産自立と輸出産業化を目標としていきました。

勤労者の足元に注がれた正二郎の熱い眼差しは、地下足袋となって結実しました。さ

らに、大衆の和装から洋装への生活様式の変化を読み取ることで、ゴム靴生産が始まりました。そして、明治末期に新機軸として自動車を宣伝に利用した正二郎は、自動車保有台数が八万台ほどであった昭和初期、その後の自動車の発展を予見して、自動車タイヤ事業に乗り出したのです。正二郎の事業展開は、いつも冷静な時代への洞察から始まりました。そして、そこに経営ナショナリズムの経営理念が、培われていきました。

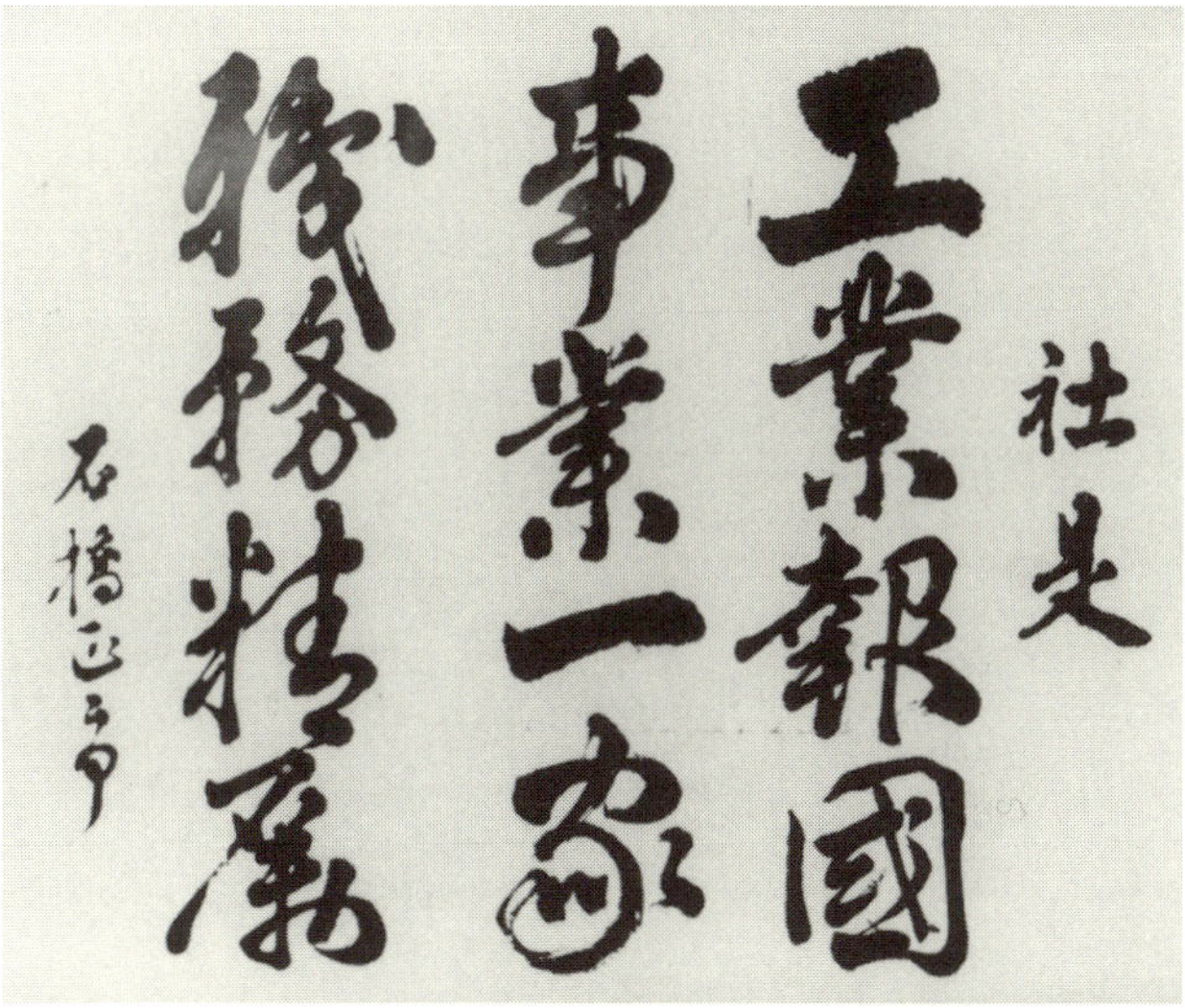

工業報国　事業一家　職務精励。昭和12（1937）年、正二郎の揮毫により記された社是。ただし、これは全社的に浸透させたものではなかった。

さらに「不況のときには、機械も設備も工場建設費も安い。資金手当も容易だし、人手も手に入りやすい。それにこういう投資活動をすれば、地域社会からも産業界からも喜ばれる。景気は必ず回復するし、需要が生まれる。タイヤが必要とされるときに供給できる態勢にあるから、売り逃しもしない」という言葉を残した正二郎の投資戦略は、好況時の日本的な横並びの投資とは、質的に異なっています。すでに述べてきたように、ブリヂストンの創業、戦後のレーヨンタイヤへの転換と設備の近代化など、経済停滞期の戦略的

アサヒ地下足袋の販売促進に活用された宣伝車。レコードなどの放送設備、フィルムの映写設備、サンプルケース、３人用の寝台などが備えつけられていた。

な大規模投資が、好況時にみごとに結実するというパターンを、正二郎は創り出しました。そして、この先手を打つ投資戦略こそ、他社を凌駕する大きな要因となったのです。

企業家としての生涯に貫かれた経営姿勢

石橋正二郎は、自動車タイヤ事業への参入に成功したのち、戦後になると、二輪車事業や念願の四輪車事業にも、果敢に挑戦を試みていきました。しかし、すでにみたように、そのいずれもが失敗に終わったのでした。

正二郎の企業家としての能力の高さは、挫折した新規事業の事後処理の側面に、よくあらわれています。オートバイ事業での失敗も、自動車事業での失敗も、そのいずれもが、市場環境の変化をミスリードしたことに、危機を生み出す大きな要因がありました。

昭和7（1932）年ごろに使用されたポスター。正式には、昭和26（1951）年に「ブリッヂストン」から「ッ」がなくなるが、それ以前にも「ブリヂストン＝ブリッヂストン」として認知されていた。

ただし、危機が起きたあとの正二郎の対応は、きわめて迅速でした。解決を先送りして危機が構造化することで、グループ企業全体を暗雲が覆うまえに、当該事業の将来性を見極めて果敢に撤退しました。それも、オートバイ事業の場合には、ブランド力のある自転車事業を生かすために、また、自動車事業の場合には、日産との合併を通じてプリンスの技術力を継承させながら、あわせて自由化という国策に協力するという大儀を前面に打ち出して、企業としてのダメージを最小限に食い止め、ブリヂストンタイヤ自体の発展に障害にならないような結果を導いています。

正二郎は、新規事業進出についての成功体験を、当初は引きずりながらも、自らそのミスに気がついた時点で、本業を生かすかたちで粛々と撤退の行動に着手してきました。つまり、成功体験や驕りの体質とは一線を画した企業家、という評価を下してもよいように思われます。

さらに正二郎は、株式公開を通じて「公器」としての企業の成長を指向するとともに、企業発展のためには同族経営に拘泥することもありませんでした。柴本重理社長以降、今日にいたるまで同族出身社長は誕生することなく、平成十八（二〇〇六）年十月現在、役員名簿には石橋寛監査役（正二郎の孫）の名前が残るのみです。また、戦後は、兄・徳次郎家と弟・進一家の事業として続いた日本ゴム（昭和六十三年にアサヒコーポレーションに変更）とは疎遠であり、平成十年に同社が経営不振に陥ったときも、

アサヒコーポレーション
昭和12（一九三七）年に日本ゴムと改称した日本足袋は、昭和22年に本社を東京に移転、昭和63年に現在の社名となった。しかし、平成10（一九九八）年の会社更生法手続きの申請に前後して、本社を再び久留米に移転、平成13年に更生計画の認可を受けて、新生アサヒコーポレーションとしてスタートした。

会社更生法
現状において経営の継続は困難であるが、再建の見込みのある株式会社について、裁判所の監督のもとで、その事業の維持と更生を目的として定められた法律。

洗町（福岡県久留米市）にあるブリヂストンとアサヒコーポレーションの久留米工場。平成19（2007）年、筑後川の対岸より撮影された一枚。

ブリヂストンから救済の手が差し伸べられることはなく、会社更生法*の手続きが申請されることになりました。まさに、正二郎が企業経営にあたって貫いた冷徹な経営姿勢こそが、今日のブリヂストンの発展をもたらしたのです。

二、石橋正二郎が遺した文化と理念

国内に比類のない正二郎の社会貢献

石橋正二郎の社会貢献活動は、その規模と期間の点で、国内で他に例をみないものです。私生活を質素にして、貴重な事業資金や私財の中から巨額の資金を社会のために投じています。

昭和三（一九二八）年、九州医学専門学校（現在の久留米大学）における土地建物の提供を皮切りに、昭和三十一（一九五六）年には、ブリヂストンタイヤ創

石橋文化センターの敷地内に建設された文化ホール。敷地内における最大のホールとして、コンサートや市民活動など、さまざまな催しに利用されている。

立二五周年を記念して、出身地である久留米に石橋文化センターを寄贈しました。用地内には、石橋美術館、体育館、プール、文化会館、野外音楽場、遊園地、憩いの森などが配されています。その後の第二期・第三期工事とあわせて十余年にも及んだ施設づくりは、正二郎自身の構想にもとづき、基本図面も自身で描く力の入れようでした。また、このほかにも久留米高等工業学校開設資金や久留米商業高等学校の講堂・武道場、久留米市の小中学校二一校のプール建設などの寄付があげられます。

企業と地域社会との関係の大切さを知る正二郎にとって、いわば郷土の久留米に対する恩返しは、特別なものではありませんでした。さらに、久留米に止まらず、昭和三十一年にはイタリアのベネチア・ビエンナーレ*における日本館の建設費を、また、昭和四十四（一九六九）年には東京国立近代美術館を新築して、国に寄贈したのです。このほか、日仏会館建設資金、高松宮妃癌研究基金など、数多くの文化・教育・福祉事業に、協力を惜しむことはありませんでした。

戦前、青木繁*の絵画の散逸を危惧する恩師・坂本繁二郎の薦めにより、正二郎は、青木の代表作を買い集めることから、美術品の蒐集を始めました。そして、坂本繁二郎、藤島武二*などの日本の近代洋画も蒐集しながら、戦争をはさんで海外流出の危機に瀕していた国内の印象派、ポスト印象派などの西洋絵画を含むものに、蒐集内容は広がっていきました。

石橋文化センターの敷地内に建設された石橋美術館。東京のブリヂストン美術館と同じく石橋財団により管理・運営されている。日本近代洋画の名作群が常設展示されている。

昭和二十七（一九五二）年、正二郎は、自らのコレクションを東京・京橋の本社ビル二階に美術館を設けて公開する、というアイディアを実行に移しました。長い歳月をかけて蒐集した貴重なコレクションは、京橋という立地に恵まれたブリヂストン美術館で一般公開され「愛護が秘護となって大衆からへだてられる」ことなく「真正の美術にうえている一般都民の心に」大きな慰めを与えることになったのです。そして、今日まで「気軽に飛び込んで見られる」美術館として、

完成した本社ビルの２階に開設されたブリヂストン美術館の入り口に続く階段。アメリカのロックフェラーセンターのモダンアート・ミュージアムに倣って、あえて無造作、気軽に入れる美術館をめざした。

久留米の石橋美術館とともに、石橋財団によって管理・運営されるブリヂストン美術館。印象派を中心としたヨーロッパ近代絵画の名作群が常設展示されている。

多くの人々に親しまれています。また、晩年の正二郎は、こうした名画の模写や印刷を自宅に置いていたといわれ、その思いの深さを推し量ることができます。

「時世の変化を洞察して、時勢に一歩先んじ、よりよい製品を創造して、社会の進歩発展に役立つよう心がけ、社会への貢献が大きければ大きいほど事業は繁栄する」という確信に導かれた正二郎は、企業の社会的責任に、もっとも敏感な経営者の一人であったといえます。「世の人々の楽しみと幸福の為に」を経営理念とした経営者・石橋正二郎が死去したのは、昭和五十一（一九七六）年九月十一日、享年八十七歳でした。

二十一世紀のブリヂストンの企業理念

今日、フランスのミシュラン*、アメリカのグッドイヤーとともに、世界三大ゴムメーカーの一角を占める株式会社ブリヂストン（昭和五十九年にブリヂストンタイヤ株式会社から社名変更）は、一九九〇年代を通じてグローバル化を推進しました。買収したファイアストン*・ブランドではインディレースに、ブリヂストン・ブランドではF１レースにそれぞれ参戦して、ブランド力の向上に結びつけるとともに、タイ、インドネシア、インド、ポーランド、中国、アメリカに、新たな生産拠点を展開してきました。そして、平成十七（二〇〇五）年末には、グループの生産拠点は、世界二四カ国、一四一

ベネチア・ビエンナーレ　二年に一度、イタリアのベネチアで開催される現代芸術の国際展覧会。会場となるベネチア市内には、主要参加国の恒久パビリオンが建設され、各国政府によって管理されている。

青木繁　明治15（一八八二）年、現在の福岡県久留米市に生まれる。重要文化財となる代表作『海の幸』など、鮮烈な作品を残して二十八歳で夭逝した。

藤島武二　慶応３（一八六七）年、現在の鹿児島県鹿児島市に生まれる。欧州留学を経て、東京美術学校の教授に就任。代表作に重要文化財となった『黒扇』などがある。

カ所を数えています。
ブリヂストンでは、世界的な経営の広がりに精神的規範を設ける意味で、平成十三（二〇〇一）年に企業理念が制定されました。「信頼と誇り」を精神として「最高の品質で社会に貢献」することを使命に、従業員、取引先、顧客、株主、社会というステークホルダー（利害関係者）との良好な関係を追求するなかで、真のエクセレントカンパニーとして行動することを標榜しています。タイヤ事業と多角化事業とのバランスの取れた事業展開、日本、米州、欧州、中国、その他のアジア地域での自立した経営基盤の構築など、さまざまな経営課題に直面するブリヂストン経営の原点に、これまで述べてきた石橋正二郎の想いが、企業理念として制定されたことの意味は、きわめて大きいものがあるといえるでしょう。

ミシュラン
一八三二年のフランスで設立されたゴムボールなどの製造工場が、一八八九年にミシュランに改称した。日本における販売は、昭和39（一九六四）年より開始された。現在は、世界最大規模のタイヤ製造会社であり、地図や旅行ガイドブックなども発行している。

ファイアストン
一九〇〇年にアメリカのオハイオ州アクロンで創業した同社は、同市にあるグッドイヤーとともに世界最大級のタイヤメーカーに成長したが、一九七〇年代から業績が落ち込み、昭和63（一九八八）年にブリヂストンの完全子会社となった。

石橋文化センターの正面入口の石板には「世の人々の楽しみと幸福の為に」と正二郎の自筆による文字が刻まれている。

昭和22（1947）年から試作されたゴルフボールは、昭和26年から本格的に製造・販売された。

昭和25（1950）年から着手した化成品の開発は、自社ブランドの寝具なども誕生させた。

おわりに——次代を担う企業家に託された二人の遺産

家産を活用した産業開拓活動

日本における産業開拓活動は、その多くが「一代の富豪」によって成し遂げられたものではなく、「家の財産」を引き出して活用したケースといえます。新産業における成功は、乗り出す際のリスクと懐妊期間の長さを考慮すれば、到底、一代限りの蓄積で成し遂げられるものではありません。

しかし、新産業につきまとうリスクと、その将来性に不安を隠しきれない富豪たちは、新産業への進出を願う家族構成員の求めに応じて、すぐに資金を提供したわけではありません。そこには、進出をもくろむ家族構成員と、家の当主との「確執」が生じるのが常でした。このとき、確執はどのように解決されていったのでしょうか。これまでの叙述のなかに、その答えを見出していただけると思います。

自動車とタイヤのいずれもが、二十世紀に入って発展した新興の重工業にほかなりません。新技術にもとづいた大量生産と大量販売システムに依拠する性格を持ち、それゆ

ブリヂストンのタイヤを装着したフォード。昭和7（1932）年、アメリカのフォード社の品質検査に合格したブリヂストンは、新車用タイヤとして採用される資格を得た。

えに創業の当初から、資金力、技術力、マーケティング力の強弱が重要な成功の条件となりました。また、これらすべてに優れた外資系企業の独占状態のもとで、自動車とタイヤの各産業に乗り出す決意を固めること自体、きわめてリスクの高い冒険的な意思決定であったことは明らかです。

豊田喜一郎と石橋正二郎は、それぞれの家の当主でなかったことが、家族内の確執をさらに大きくしました。新産業に参入することは、産業の将来性にも危惧を抱かざるをえない時代にあって、いわば「お家」の存亡にもかかわる一大事でした。ここに、新産業進出をめぐる対立の原因があります。しかし、こうした家族内の確執を周到に解決しながら、新産業参入の条件を満たしえたのが、豊田喜一郎と石橋正二郎であったということができます。

国益の追求というエネルギー

喜一郎は、自動車の国産自立によって国益に貢献する、という社会的責任感に支えられていました。自動車産業の将来性も

昭和13（1938）年に竣工した挙母工場の建設現場を視察する豊田喜一郎（右）。竣工式は11月3日に執りおこなわれ、以降、この日がトヨタ自動車の創立記念日と定められた。

不安視される状況のもとで、関連の諸工業も技術的に未成熟であり、高度な技術と巨額の資金を要する自動車事業への進出は、きわめて高いリスクにさらされていました。しかし、この新分野における成功は、企業家としての満足感を得ることにもつながり、喜一郎のような当時の高級技術者には、とくに技術国産化の願いをかなえることにもなりました。

喜一郎は、外資系企業との直接的な競合のもとにおいても、また、家族、従業員たちとの確執にさらされても、ひるむことがありませんでした。新事業への家産の投入には、既成事実を積み重ねて、なにより成果を挙げながら周囲を巻き込んでいくことで、成功に結びつけていったのです。

他方、タイヤ国産化という課題に挑戦して、英米系企業との正面からの競争に参入した石橋正二郎の行動も、当主・徳次郎との軋轢に苦しみながら達成されたものでした。日本足袋、ブリヂストン両社の社長は正二郎であり、二社の社長としてのリーダーシップこそ正二郎の掌中にありましたが、当主である兄との確執の解決を抜きにして、新産業への進出が成功するはずもないことは、正二郎自身よくわかっていました。

足袋の「志まや」以来の事業の展開と拡大を、兄とともに成し遂げてきた正二郎の財産は、当然、兄を含めた人的資産にこそ求められるべきものでした。兄の賛同さえ得られれば、日本足袋と石橋家の資金力を基盤に、日本ダンロップからの移籍技術者と足袋以来の販売ネットワークが、新事業への大きな力になると信じていたのです。そして、ここでも豊田喜一郎と同様に、着実に事実を積み上げて行動を追認させる、という方法が採られています。

石橋正二郎は一人の企業家として、また、豊田喜一郎は一人の技術者として、戦前の日本の技術国産化に自らの夢を託しました。二人は、ことのほか家業の重要性を認識しながらも、ただそれを継承していくだけの経営者ではありませんでした。本業とはかけ離れた新産業への進出を、大きな困難を承知のうえで遂行していく決断力と実行力、そしてなにより、自社のおかれた状況を冷静に将来環境のなかで認識する能力を、持ち合わせていたのです。

豊田喜一郎と石橋正二郎には「家」の繁栄と「国益」の追求が、表裏一体のものとして映っていました。そしてこれこそが、第一次世界大戦後の不況を経て、昭和恐慌に続

昭和8（1933）年12月に竣工した久留米工場の建設現場に立つ石橋正二郎。久留米工場は、翌年の3月から本格的に稼働した。

く日本資本主義の危機のなかで、二人が次代の産業開拓に乗り出すチャレンジング・スピリットの裏づけとなっているのです。

三重苦に直面する自動車産業

二〇〇八年秋のリーマン・ショック*以降、世界の自動車産業をめぐる環境は、大きな変化に見舞われています。史上最高益を誇っていたトヨタは、創業一年目と労働争議の一九五〇年についで、二〇〇九年、三度目の赤字決算に陥りました。また、世界的な経済危機のなかで、最大市場であったアメリカ市場が凋落して、二十世紀を自動車の世紀に塗りかえたビッグ・スリーが崩壊しました。

一方、急激に円高が進行して、国内生産のコスト競争力の低下により生産の海外移管が進むと、日本の「ものづくり」にも大きな危機が訪れることにもつながりかねません。さらに、環境問題の深刻化によって、環境対応型の技術開発が一刻の猶予もできない、という三重苦に、自動車産業は直面しています。

もちろん、日本の自動車産業は、これまでも順風のなかで成長してきたわけではありません。一九六〇年代から七〇年代にかけては「安全と環境」が取り組むべき大きな課題としてとりあげられ、自動車各社は、低公害エンジンの開発にしのぎを削りました。

リーマン・ショック
平成20（二〇〇八）年9月のアメリカの大投資銀行リーマン・ブラザーズの経営破綻を契機とする世界金融危機。

愛知県豊田市にあるトヨタ自動車本社。平成20（2008）年、トヨタ自動車の新車販売台数は897万台を記録。77年におよび首位を守ってきたGMが陥落して、トヨタが世界最大の自動車会社となった。

一九七〇年代には二度の石油危機を経験して、減量経営の体質を築き上げました。一九八〇年代に入ると、貿易摩擦と円高の進行に対処する意味で、海外での現地生産が進みました。こうして課題をつぎつぎと解決しながら、日本の自動車産業は、現在の地位を築き上げてきたのです。

ただし、今回の苦境についてつけ加えておくと、あらゆる問題が時間をおかず一時に噴出したという点で、従来とは比べられないほどの大きな困難であることは、理解できます。そのうえ、高性能の電気自動車*の開発は、自動車の概念や生産の体系すら変えてしまうかもしれません。もっとも、こうした産業や企業を取り巻く環境の激変は、見方を変えれば、新たなビジネスチャンスでもあります。

トヨタの原点としての創業理念

トヨタには、経営の基本的な指針として「豊田綱領」があります。豊田綱領は、佐吉の生き方や考え方を喜一郎が整理して明文化したもので、一九三五年一〇月に発表されました。作成された時期が戦前であることから、多分に時代がかった表現となっていますが、つぎの五つの項目からなっています。

一　上下一致、至誠業務に服し、産業報国の実を挙ぐべし。
一　研究と創造に心を致し、常に時流に先んずべし。
一　華美を戒め、質実剛健たるべし。
一　温情友愛の精神を発揮し、家庭的美風を作興すべし。
一　神仏を尊崇し、報恩感謝の生活を為すべし。

二〇〇九年六月、トヨタ自動車の新社長に就任した喜一郎の孫である章男は、新経営陣の発足に際しておこなった記者会見で、この豊田綱領について言及しています。章男は、綱領の精神を「クルマづくりを通じて社会のニーズに応え、人々の暮らしを豊かにしていくこと」と「地域に根ざした企業として、雇用を生み出し、税を納め、地域経済を豊かにすること」であると表現しています。

つまり、この強烈ともいえる社会貢献の意識が、創業以来のトヨタを成長させてきた

電気自動車
原動機として、蓄電池を電源とする電動機を用いた自動車。一九六〇年代以降、内燃機関の排気ガスによる公害、石油危機などを契機に見直され、その開発が続けられている。電動機は、内燃機関に比べて構造が簡単で、故障、振動、騒音が少なく、運転・整備も容易なうえに、有害なガスを発生しないなどの利点がある。反面、走行性能を左右する蓄電池の重量が大きく、充電に手数を要するなどがネックとなっている。従来は、おもに鉛蓄電池を用いていたが、蓄電能力の高いリチウム・イオン電池も開発される一方、水素と酸素の化学反応により電気をとりだす燃料電池も開発が進んでおり、電気自動車の性能は向上しつつある。

麻布永坂町（東京都港区）にあった自邸の書斎にくつろぐ石橋正二郎。木工家具デザイナーの林二郎によって製作された愛用の家具に囲まれて撮影された一枚。

のです。したがって、新しい経営陣もその経営の原点を見つめ直し、足下を見極めながら、着実に歩みを進めていく方針を打ち出しました。

豊田章男新社長は「現場に一番近い社長でありたい」と述べています。それは、「従業員と一緒に考え、一緒に成長することが企業経営の基本である」という考えを示したものです。それこそが、自動車の国産自立に生涯をかけた喜一郎が、もっとも大切にしていた考えでもあります。

豊田綱領と、喜一郎の乗用車の国産自立という創業理念を基本に、トヨタは新しい時代の道標となりえるでしょうか。

タイヤ産業の現況と石橋正二郎の精神

自動車を取り巻く環境の激変が、直接、タイヤ産業に影響を与えるわけではありません。なぜなら、新車

プライベートブランド
メーカーではなく、販売業者が自ら企画開発した低価格商品につける独自の商標。

用タイヤのマーケットは、全体の二～三割にすぎず、あとの残りは、交換用タイヤの需要が占める、という特徴を持っているからです。

ただし、消費者心理の冷え込みによる買い控えといった現象が、タイヤ産業にも及んでいることは事実です。また、*プライベートブランドや*会員制の倉庫型店舗で、割安のタイヤが購入しやすくなった、という問題もあります。こうした状況のもとで、ブリヂストンは、名実ともに世界一をめざして、高級品から大衆品にいたるまで、品質に裏打ちされた製品の提供を続けるための努力を、日々おこなっています。

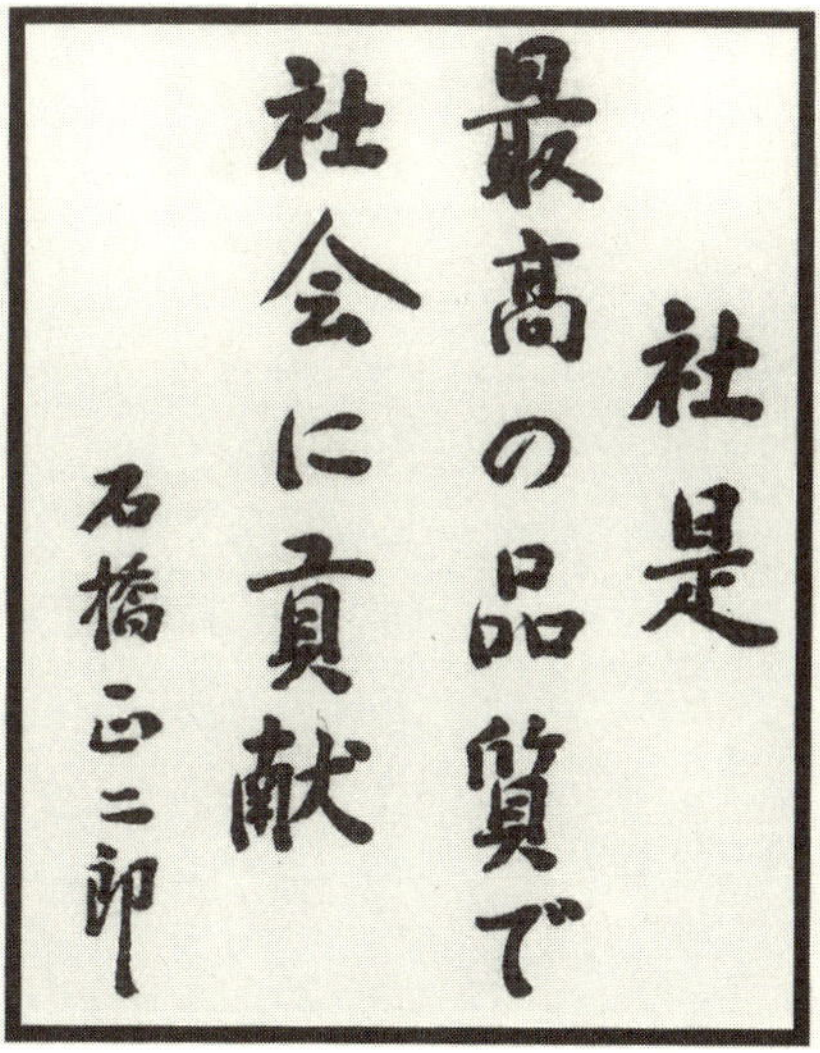
社是
最高の品質で
社会に貢献
石橋正二郎

昭和43（1968）年、全社的に公布された新社是。石橋正二郎の経営理念を核として社是審議会で決定された。

*環境規格で先行するヨーロッパや、近年、官民を挙げて環境問題への意識改革が進むアメリカなど、タイヤにも環境対応技術への要請は小さくありません。二〇〇九年、ブリヂストンが開発して、アメリカでも発売した省燃費タイヤ「エコピア」は、よく転がり、しっかり止まることのできる新しい製品として、燃費も四・二%向上させることに成功しました。自動車にとどまらず、タイヤにも大きな革新的技術をともなう商品開発が求められる時代を迎えています。

石橋正二郎の経営理念は「世のため人のために」と

いう言葉に凝縮することができます。危機にあって次代を見据え、社会に貢献する事業基盤を確立していく確固たる姿勢に、一切の動揺は見られませんでした。正二郎が、自ら同族経営を廃して、ブリヂストンを社会の公器と位置づけたときから、同社の経営は「社会貢献」と同義にとらえられていたと思われます。

正二郎の精神は、平時よりもむしろ有事にこそ、その輝きを増してきました。自動車産業をとりまく危機は、正二郎の精神を受け継ぐ専門経営者に、どのように映っているのでしょう。

会員制の倉庫型店舗
会費を支払った会員のみが原則として利用できる店舗で、倉庫を利用して陳列などのコストを削減し、低価格で商品を販売する店舗。

環境規格で先行……
一九九〇年代に入り、EU（欧州連合）の環境政策は、持続可能な成長、つまり、経済と環境を両立させて成長を志向することを基本理念とした。この基本理念の実践を通じて、EUが世界の主導権を握るという姿勢が一貫している。EUは、アメリカの離脱にもかかわらず、平成14（二〇〇二）年の京都議定書発効を支持した。自動車産業についても、EUの競争優位に結びつけるために、環境問題への迅速な取り組みをおこない、燃費目標値の点で日本より先行している。

参考文献

『福助足袋の六十年』福助足袋　昭和十七年
『豊田喜一郎氏』尾崎政久　自研社　昭和三十年
『40年の歩み 草稿』(未定稿) 日本足袋 昭和三十三年
『トヨタ自動車20年史』トヨタ自動車工業　昭和三十三年
『自動車販売王 神谷正太郎伝』尾崎政久　自研社　昭和三十四年
『横浜護謨株式会社四〇年史』横浜護謨製造　昭和三十四年
『トヨタ自動車販売株式会社の歩み』トヨタ自動車販売　昭和三十七年
『私の歩み』石橋正二郎　昭和三十七年
『日本自動車工業史稿 1〜3』日本自動車工業会編　昭和四十〜四十四年
『理想と独創』ダイヤモンド社編　ダイヤモンド社　昭和四十年
『日産自動車三十年史』日産自動車　昭和四十年
『トヨタ自動車30年史』トヨタ自動車工業　昭和四十二年
『日本ゴム工業史』第一〜二巻　日本ゴム工業会　東洋経済新報社　昭和四十四年
『財界人思想全集 第8巻 財界人の人生観・成功観』ダイヤモンド社編　ダイヤモンド社　昭和四十四年

『モータリゼーションとともに』トヨタ自動車販売　昭和四十五年
『回想記』石橋正二郎　昭和四十五年
『経営志林』第一三巻 第四号・第一四巻 第一号「日産財閥の自動車産業進出について(上)(下)」宇田川勝　法政大学経営学会　昭和五十一〜五十二年
『ゴム業界』太田登茂久　教育社　昭和五十一年
『トヨタ生産方式』大野耐一　ダイヤモンド社　昭和五十三年
『兵庫ゴム工業史』寺西雄三　兵庫県ゴム工業協同組合・兵庫ゴム工業会　昭和五十三年
『石橋正二郎』石橋正二郎伝刊行委員会編　ブリヂストンタイヤ　昭和五十三年
『日本型経営の展開』森川英正　東洋経済新報社　昭和五十五年
『私の履歴書 経済人2』日本経済新聞社編　日本経済新聞社　昭和五十五年
『ブリヂストンタイヤ五十年史』ブリヂストンタイヤ　昭和五十七年
『神奈川県史』各論編2 産業経済「戦前期の日本自動車産業」宇田川勝　神奈川県　昭和五十八年
『新興財閥』宇田川勝　日本経済新聞社　昭和五十九年
『アメリカ車上陸を阻止せよ』ＮＨＫドキュメント昭和取材班編　角川書店　昭和六十一年
『創業者・石橋正二郎』小島直記　新潮社　昭和六十一年

『自動車』大島卓・山岡茂樹　日本経済評論社　昭和六十二年
『覇者の驕り』D・ハルバースタム、高橋伯夫訳　日本放送出版協会　昭和六十二年
『創造限りなくトヨタ自動車50年史』トヨタ自動車　昭和六十二年
『経営志林』第二四巻 第一～二号「戦前日本の企業経営と外資系企業 上・下」宇田川勝　法政大学経営学会　昭和六十二年
『競争と革新 自動車産業の企業成長』伊丹敬之・加護野忠男・小林孝雄・榊原清則・伊藤元重　東洋経済新報社　昭和六十三年
『日本自動車産業史』日本自動車工業会編　日本自動車工業会　昭和六十三年
『住友ゴム八十年史』住友ゴム工業　平成元年
『企業経営の歴史的研究』「フォード・システムからジャスト・イン・タイム生産システムへ」下川浩一　岩波書店　平成二年
『経営史学』第二七巻 第二号「戦前の自動車産業と『満州』」四宮正親　経営史学会　平成四年
『世界自動車産業の興亡』下川浩一　講談社　平成四年
『戦時日本経済の研究』「戦時経済研究と企業統制」長島修　晃洋書房　平成四年
『対立と妥協 一九三〇年代の日米通商関係』「日本の自動車国産化政策とアメリカの対日認識―小型車生産をめぐって―」老川慶喜　第一法規出版　平成六年

『経営史学』第二九巻 第三号「戦前日本における企業経営の近代化と外資系企業」四宮正親 経営史学会 平成六年
『トヨダAA型乗用車』トヨタ自動車・トヨタ博物館 平成八年
『日本のオートバイの歴史』富塚清 三樹書房 平成八年
『トップ・マネジメントの経営史』森川英正 有斐閣 平成八年
『日本の自動車産業 企業者活動と競争力 一九一八〜七〇』四宮正親 日本経済評論社 平成十年
『経済系』第一九五集「創業者『石橋正二郎』とフィールドワーク」中田重光 関東学院大学経済学会 平成十年
『日本における自動車の世紀 トヨタと日産を中心に』桂木洋二 グランプリ出版 平成十一年
『ケースブック 日本の企業家活動』「家産を活用した産業開拓活動—豊田喜一郎と石橋正二郎」四宮正親 有斐閣 平成十一年
『社会経済史学』第六五巻 第三号「戦前期日本における『小型車』工業の形成と展開—三輪車を中心にして」呂寅満 社会経済史学会 平成十一年
『豊田喜一郎文書集成』和田一夫編 名古屋大学出版会 平成十一年
『決断 私の履歴書』豊田英二 日本経済新聞社 平成十二年

『日本の戦後企業家史』「大野耐一」四宮正親　有斐閣　平成十三年
『豊田喜一郎伝』由井常彦・和田一夫　トヨタ自動車　平成十三年
『土地制度史学』第一七〇号「戦前期日本における『大衆車』工業の形成と展開」呂寅満　政治経済学・経済史学会　平成十三年
『日本の戦後企業家史』「石橋正二郎」大坪檀　有斐閣　平成十三年
『タイヤのおはなし』改訂版　渡邉徹郎　日本規格協会　平成十四年
『コレクター石橋正二郎　青木繁、坂本繁二郎から西洋美術へ』「石橋正二郎コレクション形成史　その1〜草創期から終戦まで」植野建造「石橋正二郎コレクション形成史　その2〜終戦以後」宮崎克己　石橋財団ブリヂストン美術館・石橋財団石橋美術館　平成十四年
『経済学論集』第六九巻　第二号「『自動車製造事業法』によって日本の自動車工業は確立されたのか？—自動車製造事業法と戦時統制政策による自動車工業の再編成—」呂寅満　東京大学経済学会　平成十五年
『日本の企業家群像Ⅱ』「鳥井信治郎と石橋正二郎」四宮正親　丸善　平成十五年
『JAMAGAZINE』vol.37.5「ＥＵの環境・安全規制と欧州の自動車市場・自動車産業への影響」佐次清隆之・岩田保子　日本自動車工業会　平成十五年
『ケース・スタディー　戦後日本の企業家活動』「戦後の大衆消費社会を創出した企業家

活動―松下幸之助・神谷正太郎」四宮正親　文眞堂　平成十六年
『日本自動車史』佐々木烈　三樹書房　平成十六年
『失敗と再生の経営史』「日産自動車の経営戦略とその帰結―日産・プリンス合併への道程」四宮正親　有斐閣　平成十七年
『ザ・ハウス・オブ・トヨタ』佐藤正明　文藝春秋社　平成十七年
『戦時期日本の企業経営』「戦時経済と自動車流通―日配・自配一元化案をめぐって」四宮正親　文眞堂　平成十七年
『ブリヂストンの光と影』木本嶺二　木本書店　平成十七年
『ワーキング・ペーパー・シリーズ』十五「巻島英雄オーラルヒストリー」宇田川勝・四宮正親編　法政大学イノベーション・マネジメント研究センター　平成十八年
『「失われた十年」は乗り越えられたか』下川浩一　中央公論新社　平成十八年
『有価証券報告書』トヨタ自動車　平成十八年
『トヨタ伝』読売新聞特別取材班　新潮社　平成十八年
『有価証券報告書』第八七期　ブリヂストン　平成十八年
『日本のタイヤ産業』日本自動車タイヤ協会　平成十八年
『タイヤの知識』日本自動車タイヤ協会　平成十八年
『ブリヂストン七十五年史』ブリヂストン　平成二十年

『ブリヂストン 石橋正二郎伝』林洋海　現代書館　平成二十一年
『自動車ビジネスに未来はあるか?』下川浩一　宝島社　平成二十一年
『自動車産業 危機と再生の構造』下川浩一　中央公論新社　平成二十一年
『日本の自動車工業』２００９年版　日本自動車工業会　平成二十一年
『自動車産業ハンドブック』日刊自動車新聞社編　各年版
『自動車年鑑ハンドブック』日刊自動車新聞社・日本自動車会議所共編　各年版

M.A.Cusumano, *The Japanese Automobile Industry: Technology and Management at Nissan and Toyota*, Harvard University Press, 1985
M.L.Dertouzos et al.., *Made in America: Regaining the Productive Edge*, the MIT Press, 1989
D.Roos, J.P.Womack, *The Machine that Changed the World, Rawson Associates*, 1990
Koichi Shimokawa, *The Japanese Automobile Industry: A Business History*, The Athlone Press, 1994
The Japan Automobile Tyre Manufacturers Association, Inc., *Tyre Industry of Japan*, 2006

※一般書という性格を踏まえて注記を省略したが、豊田喜一郎の生涯に関わる記述は〈『豊田喜一郎伝』由井常彦・和田一夫　トヨタ自動車　平成十三年〉に依拠する。

●頭注および写真解説の参考文献（頭注・写真解説はおもに編集部で執筆）

『私の履歴書　経済人2』日本経済新聞社編　日本経済新聞社　昭和五十五年

『創造限りなくトヨタ自動車50年史』トヨタ自動車　昭和六十二年

『「産業技術記念館」総合案内』産業技術記念館　平成六年

『大辞泉』（第一版）松村明監修　小学館　平成八年

『豊田喜一郎伝』由井常彦・和田一夫　トヨタ自動車　平成十三年

『コレクター石橋正二郎』ブリヂストン美術館・石橋美術館　平成十四年

『「産業技術記念館」ガイドブック　追補版』産業技術記念館　平成十七年

『ブリヂストン七十五年史』ブリヂストン　平成二十年

図版協力（掲載ページ）

トヨタ博物館（3・46・47・52・70・91・94・95・96・125上・125下・126・127）

トヨタ自動車（17・20・21・22・25・26・27・31・33・34・35・38・39・40・41・45・50・53・55・56・57・58・62・63・72・82・85・86・88・89・90・97・98・99・100・101・102・104・106・108・110・111・112・122・128・129・130・132・134・136・138・234・238）
国立国会図書館（18・42・76・177）
編集部（19・61・144・225・226・227）
田尻歴史館（23）
日産自動車（48・115・212上・212下・214・215）
松戸市戸定歴史館（65）
日本自動車工業会（66・68）
マツダ（73）
ダイハツ工業（74）
日本車輌製造（79）
日野自動車（80・81・116）
いすゞ自動車（118）
ブリヂストン（141・143・146・147・149・150・151・152・153・155・156・157・160・161・162・163・165・166・173・176・178・180・181・182・186・187・189・191・192・193・194・196・198上・198下・200・202・203・205・206・207・208・209・210・216・217・219・221・222・223・228上・228下・231上・

231下右・231下左・233・236・240・241）
久留米市立久留米商業高等学校（145）
ムーンスター（148）
読売新聞社（171）

情熱の日本経営史シリーズ刊行の辞——今なぜ、日本の企業者の足跡を省みるのか

本シリーズでは、日本の企業と産業の創出を担った企業者たちの活動を跡づけている。企業者とは、一般に、経済や産業の大きな進展をもたらす革新、すなわちイノベーション（innovation）を成し遂げた人々をいう。ソニーの創業者である井深大氏は、「インベンション（invention）というのは新しいものをつくればそれでよいが、イノベーションという場合は、つくられたものが世の中の人々に大きく役立つものでなければならない」と述べた。日本の企業者の多くは、幕末・維新期以来、今日にいたるまで、みずからの事業の創業やその新たな展開に際して、その営みが「世の中の役に立つこと」であるか否かを判断の要諦としてきたといってよい。そして、そうした社会への貢献を尊重する企業者の気高い思想こそが、日本におけるビジネスの社会的地位を向上させることになった。社会的に上位に置かれた企業者は、内発的な信条としても、また他者からの期待としても、その地位に応じた人格の錬磨と倫理性と、より大きな指導力の発揮を求められるようになった。いわば、企業者の社会的役割に対する期待値が、高められることとなったのである。

企業者に求められる指導力とは、財やサービスの提供主体たる企業組織の内にあっては、技術の進化と資本の充実をはかりながら、人々の情熱やエネルギーを高めて結集させることであり、そうした組織能力向上のためのマネジメント・システムを発展させることであったろう。他方、企業の外に向けては、あらゆる利害関係者（ステークホルダー）に対して、提供する財やサービスはもとより、それを生み出すみずからの活動と牽引する企業組織が、いかに社会に役立つものであるかということをアピールすることが、まずもって必要とされた。そして、さらに、みずからの企業者活動が、日本の国力の増大に貢献することを希求した。

ところで、そうした企業者の能力がいかに蓄積され、形成されたかという面をみると、本シリーズで取り上げた多くの企業者にいくつかの共通点を見出すことができよう。家庭や学校での教育や学習、初期の失敗の経験、たゆまぬ克己心と探求心、海外経験や異文化からの摂取、他者との積極的なコミュニケーション、芸術や宗教的なもの(the religious)への強い関心、支援者やパートナーの存在、規制への反骨心、などである。これらの諸要素が企業者の経営理念を形成し、それを基礎に経営戦略やマネジメントの方針が構想されたとみられよう。

二十世紀末から今日にいたる産業社会は、「第三次産業革命」の時代といわれる。大量の情報処理と広範囲の情報交換の即時化と高度化を特徴とするこの大きな変革は、今なお進展中である。時間と空間の限界を打破し続けるこの新たな変動のなかで、経営戦略はさらにスピードを求められ、組織とマネジメントはより柔軟な変化が求められてゆくであろう。そして、新たな産業社会の骨幹たる情報システムの進化のために、従来にもまして、人々の多大な叡智とエネルギーの結集が必要となってゆくであろう。と同時に、広範囲におよぶ即時の見えざる相手とのビジネス関係の広がりは、内外の金融ビジネスの諸問題にみられるように、大きな危険をはらんでいる。こうした大きなリスクをはらんだ変革期の今日だからこそ、企業者や企業のあり方があらためて問い直されているのである。

本シリーズは、こうした分水嶺にあって、かつて日本の企業者がいかにその資質を磨き、いかにリーダーシップを発揮し、そしていかなる信条や理念を尊重してきたのかを学ぶことに貢献しようということで企画された。本シリーズの企業者の諸活動から、二十一世紀の日本の企業者のあり方を展望する指針が得られれば、望外の喜びとするところである。

佐々木　聡

著者略歴

四宮 正親（しのみや・まさちか）

関東学院大学経済学部教授。経営学博士。1958年、熊本県に生まれる。1981年、西南学院大学商学部卒業。1986年、西南学院大学大学院経営学研究科博士課程単位取得。徳山大学経済学部専任講師、高千穂商科大学（現、高千穂大学）商学部助教授、教授を経て、2000年より現職。2007年、ロンドン大学ビジティング・プロフェッサー。著書に『日本の自動車産業 企業者活動と競争力1918～70』（日本経済評論社、1998年）、『ケースブック日本の企業家活動』（有斐閣、1999年、共著）、『日本の戦後企業家史』（有斐閣、2001年、共著）、『日本の企業家群像Ⅱ』（丸善、2003年、共著）、『ケース・スタディー戦後日本の企業家活動』（文眞堂、2004年、共著）、『戦時期日本の企業経営』（文眞堂、2005年、共著）、『失敗と再生の経営史』（有斐閣、2005年、共編著）ほか、多数がある。

監修者略歴

佐々木 聡（ささき・さとし）

明治大学経営学部教授。経営学博士。1957年、青森県に生まれる。1981年、学習院大学経済学部卒業。1988年、明治大学大学院経営学研究科博士課程修了。静岡県立大学経営情報学部助教授などを経て、1999年より現職。著書に『科学的管理法の日本的展開』（有斐閣、1998年）、『日本の企業家群像』（丸善、2001年、編共著）、『日本的流通の経営史』（有斐閣、2007年）ほか、多数がある。

シリーズ 情熱の日本経営史④

国産自立の自動車産業

2010年4月26日　第1刷発行

著 者

四宮 正親

発 行

株式会社 芙蓉書房出版

（代表 平澤公裕）

〒113-0033 東京都文京区本郷3-3-13

TEL 03-3813-4466　FAX 03-3813-4615

http://www.fuyoshobo.co.jp

印刷・製本／モリモト印刷

ISBN978-4-8295-0482-6